思いの経営学

Management Based on Desire

「可視性の罠」からの脱却とイノベーションの創出

MORI Shunya
森 俊也［著］

千倉書房

まえがき

ウォッカをつくる飲料系企業は，自社の新たな商品をつくる際に何を考えているのだろうか。他の企業の展開がその際の視点にはなっていないだろうか。これらの企業は，顧客がウォッカを価格がキーワードではないということを気づいているだろうか。

ハンバーガー業界の企業は，他の企業とのハンバーガーの具や味の違い，価格の違いをつくることに奔走していないだろうか。これらの企業は，顧客が「今日のお昼，何にしよ！」，「今日の夕食は，どうしよ！」ということから出発していることに気づいているだろうか。

銀行業界の企業は，他の銀行との利便性の高さや，預金・融資の際の金利・手数料の高さ・低さの違い，すなわち，便利でかつ条件の良さを追求していないだろうか。これらの企業は，顧客が自分の生活にとって，自分が買いたいと思う手段としてお金を捉えていることに気づいているだろうか。

これらは数多くある業界のほんの一例に過ぎないが，現在，多くの業界の多くの企業において，顧客の顕在的・潜在的欲求を満たすことや，顧客の価値創造等をスローガンに掲げてはいるものの，どうしても品質・機能・価格，すなわち可視性の高いものを追求してしまう癖が存在しているのではないだろうか。また，顧客というよりは，ライバルの行動を追い，それとの違いをつくることに注力してしまう癖や，自社（企業）の論理で物事を考え，顧客が何を思ってこのモノを買おうとしているのかについて考えが至らない癖，さらには，利害関係者達と関わることが重要だと言われ，関わろうとはしてはいるものの，どうしても自社の論理やライバルとの利害を意識し，利害関係者達との関わりがうわべだけになってしまう癖，などが存在しているのではないだろうか。

イノベーションやその創出が経営学における重要な課題となってから随分時間が経過している。そこでは，企業が生み出すイノベーションの質も大きく変化していくことが期待されている。ただ，企業がこれまでと質の異なるイノベーションを考え，生み出そうとしても，その方向性が見えなかったり，組織の癖や人の特性，企業体質などのさまざまな要素・要因が絡み合い，なかなか難しいのが現状である。

このような状況を捉えながら，本書の目的は，「思い（顧客にして欲しい思い)」の経営学を打ち立てることにある。本書『思いの経営学』は，これまで重視されてきた「品質・機能・価格」の経営学を超え，顧客の奥底にあるインサイトを発見し，それに基づきコンセプトを事業のコアに定め，また，企業の将来像を再定義し，人・組織が一体となってブレイクスルーを起こし，イノベーションの創出へとつなげていく経営学である。

自分（達）がこうしたいと思っていることを一般に「思い」と言うが，本書では，相手がこういう思いになって欲しいということ，すなわち「顧客（相手）にして欲しい思い」を「思い」と表現している。つまり，「顧客にして欲しい思い」を自分（達）が思い，考えていくことを基礎にした経営学である。なお，「思い」は「想い」ではないかと学会等でも質問をいただくことがある。興味・関心をもってもらえて大変光栄である。そのなかで恐縮であるが，辞書等からも明らかなように同義として扱われることが多く，筆者としても大きなこだわりがない。字のつくりからも自明であるが，「想い」，「想う」にはこの字だけで「相手」という意味と，「思い」，「思う」という意味が入っており，「想」はとても有難い文字と言えよう。ただ，「顧客（相手）にして欲しい『思い』」という表現では，「思い」の方がより適切かと思い，この「思い」を使用している。

企業を取り巻く環境の変化はめまぐるしく，企業はそれらの諸環境の変化に適合していくことが重要（伊丹，1999など）と言われて久しい。企業は，グローバル化，少子高齢化，高度情報化・技術革新，環境重視および成熟化という諸現象・事象を踏まえつつ，顧客やライバル，従業員，資源などの各種環境の変化を捉えながら，経営や事業を展開していくことが極めて重要とされている（伊丹の「戦略適合理論」など）。

このような中で，日本の多くの業界・企業においては，多くの事業・製品を展開しつつ，しかもその事業・製品の多くが成熟期を迎えている。企業としても成熟期にある中で，このような成熟期にある企業にとって，どのような経営学が求められるのであろうか。また，この経営学によりどのような効果がもたらされ，それまでの経営学のどのような課題が解決できるのであろうか。

企業の事業・製品のステージが導入期，成長期および成熟期のはじめの段階であれば，既存の経営学を基礎にしながら経営や事業を展開していくことが可能であったかもしれない。ただ，企業の多くの事業・製品においては成熟期に入って相当程度の期間が経過している中で，既存の経営学をもとにした経営や事業の展開でよいのであろうか。既存の経営理論，具体的には，人的資源管理論（ジャン他，2012）や競争戦略論（ポーター，1980），マーケティング論（マッカーシー，1964），マネジメント論（ドノバン他，1998），イノベーション論（クリステンセン他，2003）などにおいては，「品質・機能・価格」の基礎にしながら展開されている。すなわち，経営学はこれらの各種理論を統合したものと言えるため，これまでの経営学は，「品質・機能・価格」の経営学と表現することができよう。しかし，これらの「品質・機能・価格」を基礎にした企業の展開に対して，楠木等（2006，2007）は「誰（この顧客）が，なぜ，どのように喜ぶのか」を基礎にして今後の事業展開やイノベーションを考えていくことが求められ，それにより「可視性の罠」から抜け出すことが必要になるとしている。また，森（2019）は，「品質・機能・価格」の経営学が根づいてきた成熟期にある企業においては，製品価値が価格に単純化してしまう「コモディティ化」を境にして，利害関係者への有効性の確認を前提にしながら「顧客にして欲しい思い」を基礎にした経営学へ転換し，「可視性の罠」から脱却する（品質・機能等の可視性を追求してしまう癖を直す）ことが求められるとしている。

成熟期にある企業においては，これまでの「品質・機能・価格」の経営学から上述の「顧客にして欲しい思い」の経営学（思いの経営学）に変化させていくことで，どのような意味や効果をもたらすのであろうか。また，この経営学は，既存の経営学の課題の何が解決できるのであろうか。

多くの人が利用する（利用してきた）日産のキューブ，森永のウイダーインゼリー（現商品名，in ゼリー），ソニーのウォークマン，スターバックスコーヒーのスターバックス，ローソンのナチュラルローソン，ヴィレッジヴァンガードなどは，「この顧客が，なぜ，どのように喜ぶのか」という「顧客にして欲しい思い」をもとして製品・サービスを具体化している。例えば，日産を含む自動車業界ではそれまで，「故障せず，燃費がよく，よく走り・曲がり・止まる」といった物差しで価値次元の見えやすいものを追求してきた。多くの企業がこれまで，品質や機能，価格といった「価値次元の見える」イノベーションを生み出し，顧客に投げかけ，ライバルとの競争を展開してきたが，その結果，「コモディティ化」を招いたり，顧客や従業員の価値を十分に創造できなくなったり，競争優位を確立できない状況をつくってきたと言えよう。

一方，日産においては，「この車を買ったら生活がどのように変わるのか」といったコンセプトをもとにキューブを発売（1998年～）し，このコンセプトをもとに四角い箱型デザインで，リアガラス左右非対称にし，ドアのように開くリアゲートや小さな箱型に7人乗車などの個性的な存在感を発揮している（楠木他，2007）。つまり，日産のキューブ以外の上記の事例においても，それぞれの業界においてこれまで追求されてきた価値次元の見えやすい物差しに疑問を提起し，「顧客にして欲しい思い」を基礎にしながら，その顧客に適した価値をまとめながらこれまでにない新たな製品・サービスを開発している。「顧客にして欲しい思い」というコンセプトをもとにして複合的な価値を統合したものは価値次元が見えにくいものの，この顧客には大変有難く，ライバル等も真似しにくいため，長期にわたって顧客に受け入れられ，持続的な競争優位を確立している。また，従業員においては，仕事もこれまでと大きく視点が異なるため学習やそれに伴う創造的な緊張が生まれ，新たな商品に対する顧客の支持もあり，やりがいや達成感も生まれている。

本書では，成熟期にある企業において「可視性の罠」から抜け出すためには，これまでの「品質・機能・価格」の経営学から脱却し，「顧客にして欲しい思い」の経営学（思いの経営学）が極めて重要となることを明らかにする。文脈からも明らかであるように，本書は，「品質・機能・価格」の経営学を否定しているわけではない。導入期，成長期および成熟期のある段階までは，この経営学は極めて重要である。多くの事業・製品が成熟期を迎え，成熟期のなかでもある時期を契機にして，「顧客にして欲しい思い」の経営学（思いの経営学）に転換していくことが求められるのである。最終章で言及するが，成熟期にある企業にとっては，「品質・機能・価格」の経営学と，「顧客にして欲しい思い」の経営学（思いの経営学）が存在し，適切なタイミングで転換することが必要となる。

この「思いの経営学」という成熟期にある企業にとって新たな経営学は，どのような意味・効果をもち，これまでの経営学におけるどのような課題を解決しうるのであろうか。本書では，この「思いの経営学」が，経営学の要件として重視され，しかも既存の経営学の課題として存在している，1）顧客と向き合うコンセプトをデザインするうえで有効か，2）「価値次元の見えない」イノベーションを創出する枠組みとして有効か，3）競争戦略の転換とそれによりイノベーションを創出するうえで有効か，4）利害関係者達との良好な関係化を考える方針として有効か，5）人的資源管理，マーケティング，競争戦略，マネジメントなどの課題や癖を直すうえで有効か，6）脱「品質・機能・価格の経営学」として有効か，などの視点から理論的・実証的に検証し，もって，成熟期にある企業にとってこの経営学の有効性を確認することにする。

思いの経営学

――「可視性の罠」からの脱却とイノベーションの創出――

目次

目 次

第 1 章 成熟期企業におけるイノベーションの方向性とその創出に向けた課題

「この顧客が，なぜ，どのように喜ぶのか」を基礎にした「価値次元の見えない」イノベーションとその創出に向けて

第1節　本章の問題意識：成熟期にある企業のイノベーション上の課題とは(1)

われわれにとって「企業」とは，どのような存在であろうか。われわれが生活するうえで利用・使用するほとんどすべてのものが企業によって開発・提供される。一般に企業は，顧客の状況，ライバルの状況，自社のこれまでの取組みや自社の保持する企業力・事業力などを踏まえ，顧客に対してこれまでにない何らかの製品・サービスを提供することを構想し，この構想を研究開発・技術開発，購買，生産・製造，販売・マーケティング，サービス，財務，人事という諸機能を統合させ，実際に顧客に対して製品・サービスという形で具体化することになる。企業のこのような事業活動の結果，つまりイノベーションの成果が，電話，携帯電話，ファクシミリ，パソコン，プリンタ，デジタルカメラ，鉄道，自動車，飛行機，スーパーマーケット，コンビニエンスストア，通信販売，宅配便，テレビ，ビデオ，DVD レコーダー，加工食品，冷凍食品，冷蔵庫，洗濯機，掃除機であり，それらが，われわれの生活に大きな影響を与え，それら無しの生活が成り立たないほど重要化している。それらが登場した当時はわれわれにとって存在の意味や機能が分からず困惑さえしたものでも，現在では，沢山の人が利用し，それらは言うまでもなく「意味のあるもの，無くてはならないもの」となっている。このように「われわれが生活を営むうえで必要な（または必要と思える）ものを創造し，提供してくれる存在」が企業である。

また，われわれにとって「企業」とは，どのような存在であろうか。われわれのほとんどが何らかの組織（企業，学校，NPO，団体，クラブ・サークルなど）に所属し，何がしかの目的を協働しながら達成しようとする。なかでも，われわれの多くは高校や大学等を卒業して企業に就職し，そこで仕事をし，生活の糧となる給与を得ることになる。就職する業界・業種はさまざまであり，同一の企業に長期にわたり勤めるか否かはそれぞれであるが，われわれはそこで何らかの職務・仕事を遂行し，給与を得たり，時にやりがいや生きがいを感じたりすることになる。われわれの生活において仕事の占める時間的割合を考えれば，この仕事上のやりがいは，人が生きるうえで重要な意味をもつことは言うまでもないであろう。このように「われわれが生活するうえで重要となる糧や仕事上のやりがい，生きがいを与えてくれる存在」が企業である。

このように企業は，われわれに有用な製品・サービスを恒常的に開発・提供してくれる存在であるとともに，われわれに生きる糧や生きる意味を与えてくれる存在と言うことができる。また，社会や顧客に有用な製品・サービスを開発・提供する活動が，企業でのわれわれの仕事となり，これらのイノベーション活動にやりがいや生きがいを見出していくことになる。かくして企業はわれわれにとって極めて重要な存在であり，企業は社会や顧客，さらには従業員に対して存在価値を示していくことで，継続・成長することができる。

しかし，現実の企業の取組みやそれら企業のイノベーションの動向を見てみるとどうであろうか。日本の多くの業界・企業においては，多くの事業・製品を展開しつつ，しかもその事業・製品の多くが成熟期を迎えている。企業としても成熟期にあるなかで，このような成熟期にある企業は，さまざまな関係者に対して存在価値を十分に示すことができておらず，必ずしも好ましいイノベーションが創出できていないというのが実態である。

それら企業の多くに見られる傾向としては，1）自社の利益獲得のためにライバルの行動を重視している，2）ライバルと違う品質・機能や価格を追求している，3）品質・機能や価格を追求すれば顧客は受け入れてくれるという企業側の発想が存在している，4）効率・機能のみの追求により従業員の仕事上のやりがいが減退している，などが挙げられるのではないだろうか。つまり，それら企業は，自社の利益獲得を狙い，業界内のどの企業にもない品質（高品質化）や機能（高機能化，機能追加），どの企業よりも安い価格（生産効率を上げる），すなわち「可視性の高いもの」を追求してきた。そのため，意識する最も重要な存在がライバルであり，製品・サービスを提供する相手である顧客は，ライバルより品質・機能をよく，低価格を実現すれば受け入れるだろうという程度の存在として捉えてきた。このように，企業の視点でものを考え，顧客を思い，顧客をどのようにしていきたいという顧客の視点は必ずしも十分とは言えない状況にあった。したがって顧客は，提供される製品・サービスの自分に対する意味や違いが十分には分からず，高品質・高機能なものや低価格なものを購入し，それに連動して企業は，より高品質・高機能・低価格を実現しようという行動となっていた。品質・機能を追求しても顧客のほとんどが十分に満足できる水準に達すれば，最終的には価格のみの競争となってしまい，企業は自分で自分の首を絞めるという構造になっていた。そして従業員は，高品質化・高機能化・機能追加やさまざまな効率を追求し，意識する相手も業界内のライバルに限定されてきたため，定型的な仕事や仕事上の限界も多く，仕事に対しておもしろみややりがいを必ずしも見出せない状況にあった。

このような現実の企業，すなわち成熟期にある企業の多くが陥っている状況やイノベーション上の課題を受け，本章ではまず，成熟期にある企業がどうしても品質・機能や価格を追求してしまうという「価値次元（タイトル以外は以下，次元）の見える」イノベーションの問題点とともに，今後のイノベーションの方向性や論理について提起している「次元の見えない」イノベーション論について検討し，これが成熟期にある企業に与える示唆について考察する。また，成熟期にある企業がこのような「次元の見えない」イノベーションを実際に創出するためには，同理論で提起している以外にも重要な配慮が必要となることを明らかにし，このようなイノベーションを創出する要件についても導出する。

第２節　成熟期企業が向かうべきイノベーションの方向性の探究：価値次元の「見える」から「見えない」イノベーションへ

竹内・楠木（2007）ならびに楠木・阿久津（2005）の中（以下，著者名を楠木他と略記）で，楠木他（2005，2007）は，成熟期にあり，競争環境下にある企業の状況を踏まえ，企業における今後のイノベーションの方向性について示唆に富む論述を展開している。これらを筆者なりにまとめると，以下のようになる。

図表 1-1 価値次元の「見える」から「見えない」へ

〈次元の見える例〉

●自動車：故障せず，燃費がよく，よく走り・曲がり・止まる

● PC：CPU の処理速度，メモリーの大きさ，モニターの画質

●携帯電話：小型・軽量，通話可能な範囲の広さ，通話音声の質，通話・通信料金の安さ，付属カメラの動画や静止画の質，液晶画面の大きさや画質

〈次元の見えない例（製品に新価値を追加し，WTP をあげている例）〉

○自動車：日産・キューブ（1998 年 2 月～）

◆「自分の部屋でくつろいでいるような感覚」を強調しながら，この車を買ったら生活がどのように変わるのかというコンセプトを明確にし，四角い箱型デザインで具現化

◆リアガラス左右非対称，ドアのように開くリアゲート，小さな箱型に 7 人乗車などの個性的な存在感

出所：楠木他（2007），日産キューブの情報は同社ウェブページを参考に筆者作成。

1．成熟期企業のイノベーションの方向性の提示：価値次元が「見える」から「見えない」へ

楠木他（2007）は，「経営の基本原則」（WTP ↑ − C ↓ = P）がある中で，多くの企業が P（Profit：利益）を獲得するために，WTP（Willingness To Pay：顧客がどれだけお金を払いたいと思うかという支払意思額）を上げようとはせず，C（Cost：費用）を下げるよう努力する傾向にあると指摘している。またこの中で楠木他（2007）は，企業のコスト削減への努力の重要性は認めつつ，コストを下げる競争はラットレースに陥り，自分の首を絞め，集団自殺を招きかねないとして，それのみに邁進することの危険性を指摘している。それらを考えると，企業はこれまでのような製品・サービスの良し悪しといった「次元の見える」イノベーション（自動車業界における次元：故障せず，燃費がよく，よく走り・曲がり・止まるなど。PC 業界における次元：CPU の処理速度，メモリーの大きさ，モニターの画質など。携帯電話業界における次元：小型・軽量，通話可能な範囲の広さ，通話音声の質，通話・通信料金の安さ，付属カメラの動画や静止画の質，液晶画面の大きさや画質など）ではなく，「次元の見えない」イノベーション（自動車業界：日産のキューブに代表されるような「この車を買ったら生活がどのように変わるのか」といったコンセプトとそれを体現した四角い箱型デザイン）を実現し（**図表1-1**），製品やサービスに新し

図表 1-2　「価値次元の見えない」イノベーションによりWTPを上げた事例

企業	戦略の軸足転換	顧客へのソリューション
IBM	ハードウェア・ソフトウェアから「ソリューション・サービス」へ	航空業界・金融業界という業界ごとにソリューションを提案
キーエンス（センサー，測定器）	生産ラインや研究開発などの現場の人が買いたくなるような製品へ	「もう少し在庫管理を効率的にできないか」という現場の要求に答えるバーコードリーダーの開発
森永「ウイダーインゼリー」（現商品名，in ゼリー）	おいしいから「短時間での栄養補給」へ	食事がとれないほど忙しい人へ短時間で飲めて必要最小限に栄養がとれるゼリーの開発
ヴィレッジヴァンガード（書店）	ベストセラーの品揃え，立地条件，営業時間から「特定の趣味やセンスで統一した商品を独自のレイアウトで展示」へ	車や音楽に偏った本や雑誌，関連雑貨をところ狭しと並べる（本と雑貨のセレクトショップ）

出所：竹内・楠木（2007）pp.66-73を筆者が「戦略の軸足転換」，「顧客へのソリューション」毎に分類・整理。

い価値を追加しながらWTPをあげることが必要であるとしている（竹内・楠木，2007，第4章）。

2．価値次元の見えないイノベーションによりWTPを上げた事例の提示

これに関連し楠木他（2007）は，企業が「以前の商品よりもこれだけ良くなった」ということを主張しても，良いものが浸透している現代において，顧客は「もうこれで十分」というように捉えており，「良し悪し」の競争，すなわち「次元の見える」イノベーションで競争するのではなく，「好き嫌い」の競争，すなわち「次元の見えない」イノベーションで競争することで，**図表1-2**の企業に見られるようにWTPを上げ，Pを上げることが必要だとしている。（竹内・楠木，2007，第4章，第5章）。

3．価値次元の見え方の段階の提示

また楠木他（2005，2007）は，この価値次元の見え方は，業界の進展とと

図表 1-3　価値次元の見え方の段階

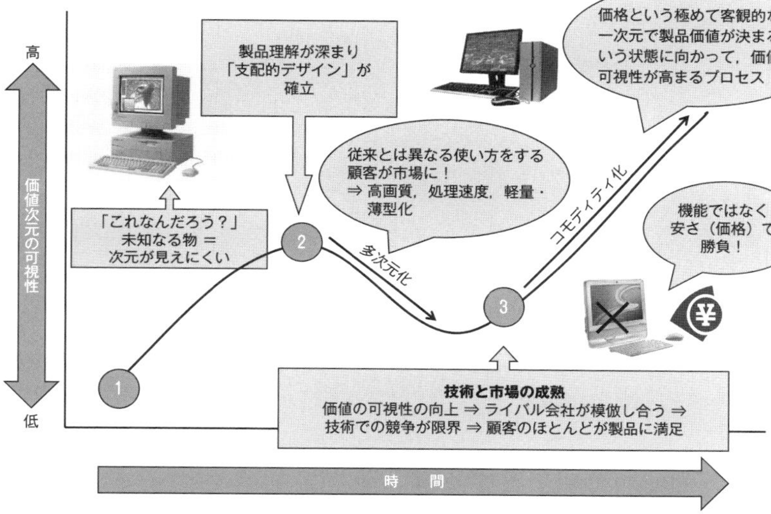

出所：楠木他（2005, 2007）を参考にパーソナルコンピューターの例で筆者が図式化。

もに変化するとしている（**図表1-3**）。世の中に製品が出たばかりの初期段階（これは何だろう，これは何のためにあるのかの段階）では価値次元の可視性は低く，企業と顧客がその製品についての理解を深めることにより価値次元の可視性が上昇し，やがて「支配的デザイン」が確立されることになる。その後，顧客はさらにその製品についての理解を深め，さまざまな洗練された使い方を学習し，製品が普及するにつれて，これまでとは異なった使い方をする顧客が市場に入ってくる。企業もそれに対応してさまざまな価値次元に対応するようになり「価値の多次元化」という現象を招き，一時，次元は見えにくくなる。しかし，さまざまな価値次元上でイノベーション競争が激化し，技術と市場が成熟化していくと価値次元の可視性は上がり，企業はイノベーションの成果を模倣し合い，ライバルと差別化できる価値次元は徐々に失われ，製品自体が顧客のほとんどが完全に満足する水準に達していくことになる。その後，企業は価格のみの差別化を行い，「コモディティ化」（価格という極めて客観的な単一次元で製品価値が決まるという状態に向かって，価値の可視性が高まるプロセス）するとしている（楠木・阿久津，2005，pp.247-248；竹内・楠木，2007，pp.79-82)。

また，このように市場が成熟し，企業が安さを追求するコモディティ化現象（製品ないしサービスの価値が価格に単純化してしまう現象）が起これば，従来の価値次元ではなく[2]，第1に，「価値次元を創る」（これまで顕在化されていない価値を発見し，顧客にとって価値次元の可視性が高い，新しい価値次元を創造すること)[3]，第2に，「価値次元を壊す」（次元的なルールそのものを破壊し，価値次元を見えなくしてしまうこと)[4]，という戦略がコモディティ化から逃れるために必要になり，「次元を創造」しそこから「次元を壊す」という流れをつくることが重要になるとしている[5]（楠木・阿久津，2005，pp.248-249；竹内・楠木，2007，第5章)。

4．価値次元を創造する視点の提示：可視性が高い・低い，属性・使用文脈という組合せにより

楠木他（2007）は，イノベーションにおいて価値次元を創造する視点として，購買動機の鍵となる価値次元の可視性が「低い」・「高い」，購買決定の鍵となる価値次元の所在が「属性」（コモディティ化対抗）・「使用文脈」（コモディティ化回避）の組合せから，イノベーションを１）「性能イノベーション」（高，属性，例：おいしいお茶 → おいしいという物差しでより良いものを作りコモディティ化を克服），２）「感性イノベーション」（低，属性，例：伊右衛門茶 → 感性を打ち出して次元は見えにくいが，これまでのお茶の属性の中にある)，３）「用途イノベーション」（高，使用文脈，例：ヘルシア緑茶 → お茶を飲む行為とは全く違う用途を打ち出す)，および４）「カテゴリーイノベーション」（低，使用文脈，例：スターバックス → これまでのコーヒーそのものやコーヒーを飲むことを再定義し，新しいカテゴリーを創造する）の４つに分類している（後述の第７章**図表7-2**)。カテゴリーイノベーションに含められるスターバックスは，それまでの米国におけるコーヒーの捉え方（ドーナッツを食べる時に飲む，時間のない時にスナックと一緒に飲む）を大きく変え，「サードプレイス（自宅や

会社ではない第3の場所）：ちょっとリラックスする空間を提供する」という新しいカテゴリーを創造しているとする。このイノベーションは，価値の再定義と可視性の低下という2つが要件となり，カテゴリーゆえに他の物差し（機能のような目に見える価値次元）で比較されずに済み，競争優位を確立するうえで有効であるとしている（竹内・楠木，2007，pp.95-96，pp.111-114）。

5．価値次元の見えない「コンセプトイノベーション」の提示

楠木他（2005，2007）は，脱コモディティ化を意図する企業にとって，新たなカテゴリーを創造するような「次元の見えない」イノベーションが不可欠になることを主張する。その中でも「コンセプトイノベーション」に着目し，「どれだけ音をきれいに再生するか」という既存の価値次元を破壊し，「自由な環境で音楽を楽しむという新しい音楽の楽しみ方」を提起したソニーのウォークマンのように，「顧客に対する提供価値」（customer value proposition）のコンセプトを新たに創造していくことが肝要であるとしている。また，ウォークマンはこのような価値を創造することにより，音質という従来の価値次元で他製品よりむしろ劣っていたことをも無意味にしたとする。このような例を挙げながら，その製品なりのサービスによって「誰が，なぜ，どのように喜ぶのか」について新しいストーリーを描くことが必要であると指摘している（楠木・阿久津，2005，p.249；竹内・楠木，2007，pp.95-96，第5章）。

6．価値次元の見えないイノベーションの「実現」の難しさの指摘

楠木他（2005，2007）は，脱コモディティ化にとって，上述のように既存の競争次元を破壊しながらコンセプトイノベーションを創出することの必要性とともに，このようなイノベーションを「実現する」ことの難しさも強調する。なぜならば，企業においては，コモディティ化から逃れようとしても客観的な物差しが見えるものをやりたがり，結局，物差し上の競争になってコモディティ化が進む「可視性の罠」（visibility trap）に陥りやすいためと結

図表 1-4　企業において「価値次元の見える」イノベーションを追求する原因：可視性の罠

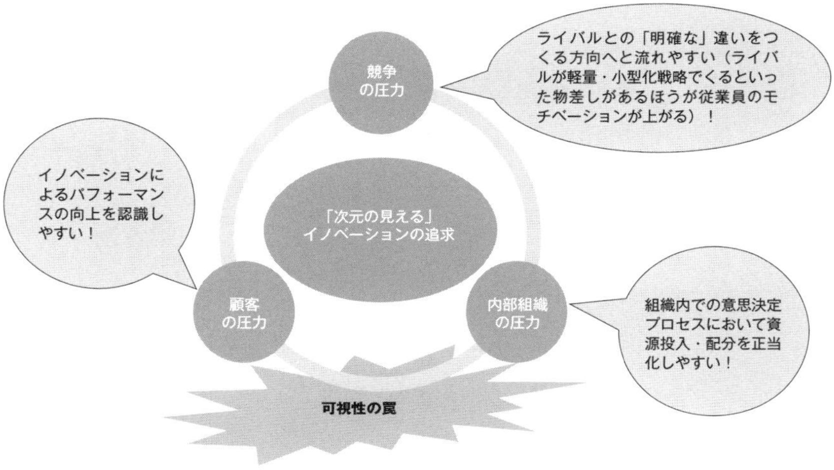

※コモディティ化から逃れようとしても客観的な物差しが見えるものをやりたがり，結局，物差し上の競争になってコモディティ化が進む！
※違いをつくろうとする努力が，コモディティ化を引き起し，差別化を困難に！

出所：楠木他（2005, 2007）をもとに筆者が図式化。

論づけている。つまり企業は，「次元の見える」イノベーションであれば客観的な物差しをあてて価値を示すことができるため，組織内での意思決定プロセスにおいて資源投入・配分を正当化しやすくなる【内部組織の圧力】。また企業は，競争の圧力を受けることによりライバルとの「明確な」違いをつくる方向へと流れやすくなる（ライバルが軽量・小型化戦略でくるといった物差しがあるほうが従業員のモチベーションが上がる）【競争の圧力】。そして顧客は，企業のイノベーションによるパフォーマンスの向上を認識しやすくなる【顧客の圧力】（**図表1-4**）。このように，イノベーションによってライバルとの違いをつくろうとする企業の努力自体が，物理的ないしは顧客の認知的な限界へと接近し，かえってコモディティ化を加速・進行し（「十六茶」を「二十一茶」にするといった動きのように），差別化を困難にする逆説的なメカニズムが働くことを指摘する（楠木・阿久津，2005，p.250；竹内・楠木，2007，pp.79-82，pp.115-119）。

第3節 「価値次元の見えない」イノベーション論の示唆

上述のように，楠木他（2005，2007）の「次元の見えない」イノベーション論は，成熟期にある企業が実際にイノベーションを生み出すうえで重要な示唆を与えてくれる。つまりこれらの企業が実際にイノベーションを創出する際には，まず，自社のこれまでの動き（イノベーション）が問題であったことを自覚する必要がある。これに関して楠木他（2005，2007）は，多くの企業においては，高機能化・機能追加・低価格化など「次元の見える」イノベーションを展開し，それがコモディティ化を引き起こし，必ずしも利益獲得には及んでいないことを指摘している。楠木他（2005，2007）は企業が製品やサービスのコモディティ化を避け，ライバルとの持続可能な「違い」をつくることが必要となることを強調している。

しかし，成熟期にある企業はこれまでのイノベーションが間違いであったことを認識しても，現実にこれまでと同様のイノベーションが生まれてきていることを考えると，その原因について理解し，これまでの動きや現在の状況について反省することが必要となる。これに関して楠木他（2005，2007）は，「可視性の罠」という概念を用いて説明している。つまり成熟期にある企業は，コモディティ化の克服を意図してさまざま努力はするものの，1）組織で意思決定がしやすい，2）ライバルとの競争がしやすく従業員のモチベーションが上がりやすい，3）顧客が認識しやすいなどの理由により，「次元の見える」（物差しの見える）イノベーションをやりたがり，これによりコモディティ化を加速・進展させてきたとしている。このように楠木他（2005，2007）は，企業の努力が成果（利益獲得）に結実しなかったこれまでについて概説し，企業が新たな方向に向かうことの必要性を強調している。

そして，成熟期にある企業は新しい方向に向かうことの必要性に気づいても，実際に新しい方向がどこかが不明であれば動くことができない。またその方向がその企業にとって本当に望ましい方向なのかを理解しなければ積極的に動くことができない。これに関して楠木他（2005，2007）は，企業の努力が利益獲得に結びつきやすい「次元の見えない」イノベーションという新

図表 1-5　楠木他（2005, 2007）の「価値次元の見えない」イノベーション論の企業に対する貢献

イノベーションを創出していくうえでの要件	楠木の指摘
1）企業がこれまでのイノベーションの問題点を自覚する	企業の多くが，高機能化・機能追加・低価格化などの「価値次元の見える」イノベーションを展開した結果，コモディティ化を引き起こし，必ずしも利益獲得には結実していない。
2）企業がこれまでの動きやこれまでの状況に陥る原因を理解し，新たな方向に向かうことの必要性を認識する	企業は脱コモディティ化を意図してこれまでと異なるイノベーションをしようとしても，①組織で意思決定がしやすい，②ライバルとの競争もしやすく従業員のモチベーションが上がりやすい，③顧客が認識しやすい，等により，これまでと同様のイノベーションを展開しやすい「可視性の罠」に嵌り，利益獲得に結びつかない。
3）企業が今後のイノベーションの具体的方向性とそこに向かうことによる自社への効果を理解する	企業は「誰（この顧客）が，なぜ，どのように喜ぶのか」というコンセプトイノベーションのように，新たなカテゴリーを創造する「価値次元の見えない」イノベーションを展開することにより，利益の獲得やライバルへの競争優位に結びつきやすい〈例：ウォークマン，スターバックス〉。

出所：本章の考察をもとに筆者作成。

たな方向性を提示し，企業の努力が必ずしも実を結ばない「次元の見える」イノベーションから転換することが必要としている。また楠木他（2005, 2007）は，「誰が，なぜ，どのように喜ぶのか」というコンセプトイノベーションのように，新たなカテゴリーを創造する「次元の見えない」イノベーションを展開する企業を例示し，それによる諸効果（利益の獲得，ライバルが展開していないことによる競争優位性の確立）について論述している。

このように楠木他（2005, 2007）の「次元の見えない」イノベーション論は，成熟期にある企業が実際にこのようなイノベーションを創出しようとする際の諸要件，1）これまでの動き（イノベーション）の問題点の自覚，2）これまでの動きやこれまでの状況に陥る原因の理解と，新たな方向へ向かうことの必要性の認識，3）今後のイノベーションの具体的方向性とそこに向かうことによる効果の理解，などについて提起している（**図表1-5**）。楠木他（2005, 2007）の理論的考察ならびに事例的考察のうえに立ったイノベーショ

ンの新たな方向性やイノベーション創出のための論理は，成熟期にある企業にとって極めて重要な示唆を与えてくれるものと理解する。**図表1-5**の１）～３）は，経営者がそれぞれの企業のこれまでについて回顧・反省し，今後新たな方向に一歩踏み出すうえで有効な要件になると考える。

第４節　「価値次元の見えない」イノベーション論の課題：企業が新たなイノベーションを創出するうえで

「次元の見えない」イノベーション論において，これらの重要な指摘の一方で，成熟期にある企業がこのようなイノベーションや経営を展開していくうえで幾つかの疑問が浮かび上がってくる。まず第１に，これらの企業において，これまでのイノベーションの問題点や新しい方向へ向かうことの必要性を理解するだけで，「次元の見えない」イノベーションが実際に生まれるのであろうか。また第２に，これらの企業はこのようなイノベーションについて実際に想像し，考え，具体的に生み出すことができるのであろうか。さらに第３に，これらの企業において単一の製品・サービスのみではなく複数（多く）の製品・サービスで継続的にこのようなイノベーションを生み出すことができるのであろうか。

第１に関して，成熟期にある企業が「次元の見えない」イノベーションを実際に創出するためには，経営者のみならず従業員の多くがこのイノベーションの創出に意味を感じ，積極的に向かっていかねばならない。企業はほうっておくと「次元の見える」イノベーションを展開し，「可視性の罠」に嵌り（陥り）やすい傾向にある。このような中で「次元の見えない」イノベーションを創出していくには，これまでの「次元の見える」イノベーションが自社にもたらした弊害や，企業としてこのイノベーションと決別するという方針とともに，新たなイノベーションに向かうことに対する自社のみならず，従業員への意味・効果について企業全体で確認する必要がある。楠木他（2005，2007）は，「次元の見える」イノベーションが自社にもたらす弊害については言及してはいるものの，今後このイノベーションと決別するという方針を提示することの必要性までは言及していない。企業はどうしても「次元の見える」イノベーションに陥りやすいことを想定すれば，そのようなイノベーションは今後しないという明確な方針が必要となる。また楠木他（2005，2007）は，新たなイノベーションに向かうことの「企業」に対する意味・効果については言及してはいるものの，「従業員一人ひとり」に対する意味・効果については論述していない。イノベーションを実践・展開していくのは言うまでもなく経営者のみではなく，従業員が新たなイノベーションについて前向き・積極的に向かっていくことができるよう配慮する必要がある。

また第2に関して，コンセプトイノベーションのような「次元の見えない」イノベーションとは，どのようなもので，どのようにすれば生まれるのであろうか。成熟期にある企業の中で上記のような意味・効果の確認をしようとしても，どのようなイノベーションかを想像できなければ確認できず，また実際にその方向に向かうことはできない。これまでのイノベーションとは大きく異なるため経営者も理解しにくく，また経営者が具体的な企業の成功事例を用いて従業員に示そうとしても，従業員には分かりづらいであろう。このように「次元の見えない」イノベーションが経営者や従業員にとって「見えない」ものになる可能性が高い。楠木他（2005，2007）は「次元の見えない」イノベーションの例として，ソニーのウォークマン（新しい音楽の楽しみ方を創造）や，スターバックス（ちょっとリラックスできる空間を提供）などの事例を挙げ，このようなイノベーションを創出するためには「誰（この顧客）が，なぜ，どのように喜ぶのか」という新しいストーリーを創造しながら，価値を再定義し，可視性を低下させることが必要としている。しかし，これらの事例で生まれたイノベーションについて経営者や従業員が学習しようとしても，「これまでにない新しさ」については理解することはできても，実際に自社において，どのような着想に立ち，顧客をどのように捉え，どのような過程・段階を経ることにより，このようなイノベーションが創出されるのかは理解しにくいのではないだろうか。これらを踏まえれば，このような新たなイノベーションが生まれるためには，企業が顧客をどのように捉え，どのような過程・段階をたどればよいのかを「見える」ようにする必要がある。

図表 1-6 製品レベルでの「価値次元の見えない」イノベーション

企業名	想定する顧客	製品
JT	・疲れを感じる人 ・リラックスを求める人	豆や焙煎技術のみをアピールするのではなく，豊かなアロマの香りにより，顧客の疲れを癒すことにこだわったコーヒー
三菱電機	・新陳代謝が活発で，体調を崩しやすい子供 ・子供の健康を考える親	子供部屋向けの自動掃除機能・気流調整機能付きのエアコン
コナカ	・頻繁に（毎日）スーツを利用する人 ・スーツをこまめに洗濯する必要のある人	自宅のシャワーで洗えるウールスーツ
雪国まいたけ	・安全な野菜にこだわる人 ・調理に手間をかけたくない人	自社で農薬検査した，安心して食べられる根切りもやし
カゴメ	・健康面や栄養面に注意を払う人	野菜の素材をアピールするのではなく，顧客に「野菜一日これ一本」という健康という価値を提供する野菜ジュース

出所：日経 BP 社「売れる値上げ」『日経ビジネス』2006・07・17，同「顧客を裏切る」『日経ビジネス』2007・09・10，同「勝てる値上げ」『日経ビジネス』2008・05・19を筆者が分類・整理。

さらに第3に関して，コンセプトイノベーションのような新たなイノベーションを単一の製品・サービスではなく，成熟期にある企業の全体（複数の製品・サービス）で創出していくにはどうすればよいのだろうか。新たなイノベーションについて経営者，従業員ともに想像でき，このような方向に向おうという気持ちが出てきても，それが経営者や一部の従業員にとどまってはその効果は薄く，一部の製品・サービスで終わってしまう。楠木他（2005, 2007）は，スターバックス（コーヒー）やヴィレッジヴァンガード（書店）のような少数の製品・サービスを扱う企業や，ソニーの「ウォークマン」や森永の「ウイダーインゼリー（現商品名，in ゼリー）」のように企業の1つの製品を例として取り上げている。製品等が少数の企業は問題とはならないが，ソニーや森永など多種多様な事業・製品を展開している企業においては，企業全体で「次元の見えない」イノベーションを創出させることが必要となる。最近においては，楠木他（2005, 2007）が例示するような「次元の見えない」イノベーションは筆者が確認する限りにおいても幾つか生まれてきてい

図表 1-7 「価値次元の見えない」イノベーション論の課題

イノベーション創出に関する疑問	楠木のイノベーション論	新たなイノベーション論に向けた課題
1）これまでのイノベーションの問題点や新しい方向へ向かうことの必要性を理解するだけで，「価値次元の見えない」イノベーションが生まれるか？	○「価値次元の見える」イノベーションが企業にもたらす弊害（コモディティ化を加速させ，自分の首を絞め利益を獲得しにくくなる）については論述 ○「価値次元の見えない」イノベーションの効果は「企業」に対してのみ論述	●企業は「価値次元の見える」イノベーションをしたがることを想定し，このようなイノベーションと決別する方針を明確にする ●企業全体でイノベーションを創出するために，「従業員一人ひとり」に対する意味・効果を確認する
2）「価値次元の見えない」イノベーションについて実際に想像し，考え，具体的に生み出すことができるのか？	○「価値次元の見えない」イノベーションを例示 ○「価値次元の見えない」イノベーションのためには「誰が，なぜ，どのように喜ぶのか」というストーリーを創造することの必要性を強調	●「価値次元の見えない」イノベーションはこれまでと大きく異なるため経営者は理解しにくく，また事例を紹介しても従業員は分かりにくい ●企業が顧客をどう捉え，どのような過程・段階を経れば「価値次元の見えない」イノベーションが生まれるのかを明らかにする
3）単一の製品・サービスのみではなく複数の製品・サービスで継続的にこのようなイノベーションを生み出すことができるのか？	○少数の製品を扱っている企業や1つの製品の「価値次元の見えない」イノベーションを例示（スターバックス，ウォークマン，ウイダーインゼリー）	●複数の製品・サービス（企業全体）で継続的・連続的に「価値次元の見えない」イノベーションを創出させる経営枠組みが必要

出所：本章の考察をもとに筆者作成。

る（**図表1-6**）。これらからも分かるように，それぞれの企業においては，具体的にこの顧客というものを想定し，これまでの価値次元にはこだわらない製品を生み出している。しかし，これらの例も，それぞれの企業に複数ある製品のうちの１つもしくは少数の製品であり，企業はこのようなイノベーションを複数の製品・サービスで継続的・連続的に創出していくことが必要となる。これらを考えれば，複数の製品・サービス，つまり企業全体で「次元の見えない」イノベーションを創出させる新たな経営の枠組みについて検討することが極めて重要となる。

このような「次元の見えない」イノベーション論の課題について整理すれば，**図表1-7**のようにまとめられるであろう。

第5節　結びにかえて

成熟期にある企業では，これまで重視してきた「品質・機能・価格」の視点によらない新たなイノベーションを創出していくことで関係者に対して存在感を発揮していくことが求められる。

このような成熟期にある企業のイノベーション創出に対する「次元の見えない」イノベーション論の貢献は上述のとおりである。ここで主張されるように，成熟期にある企業は「誰（この顧客）が，なぜ，どのように喜ぶのか」というコンセプトイノベーションのように，新たなカテゴリーを創造する「次元の見えない」イノベーションを展開することにより，利益の獲得やライバルへの競争優位に結びつきやすく，これはウォークマン，スターバックスなどの例からも確認することができる。つまり，このような提起により，成熟期にある企業がイノベーションを創出するうえでの要件である，今後のイノベーションの具体的方向性とそこに向かうことによる自社への効果を理解することが可能となる。

一方，この提起や論理は，成熟期にある企業（経営者のみならず従業員）が「次元の見えない」イノベーションの内容や，それを創出する意味・効果，それを創出する段階について必ずしも理解できるものとはなっていない。つまり，この論理の主な課題は，成熟期にある企業がこの新たな「次元の見えない」イノベーションというものを「理解」し，「生み出す」ことであり，また，このイノベーションを「継続的に生み出す」ことであると言うことができる。これらの筋道が明確になっていなかったがゆえに，企業において，このようなイノベーションは，一部のアイディアマンにより一部の製品・サービスでしか生み出されず，複数の製品・サービスで継続的に生まれることは少なかったのではないかと考える。したがって，成熟期にある企業においては「次元の見えない」イノベーションの必要性に気づくことはあっても，企業全体で継続的な実践に及ぶことはなかったのではないかと考える。

これらの状況を踏まえつつ，次章以降では，この理解しにくい「次元の見えない」イノベーションについて，成熟期にある企業の経営者や従業員に

「見える」ようにし，これらの企業が「可視性の罠」に嵌らないで，「企業全体」でこのようなイノベーションを「生み出し，継続的に生み出す」経営の枠組みや論理について考察することにする。

(1) 本章および第2章の問題意識の醸成に際し，東北大学大学院経済学研究科大滝精一名誉教授ならびに一橋大学大学院経営管理研究科楠木建教授より有益なご助言・ご示唆を頂戴した。記して感謝を申し上げる。

(2) 竹内・楠木（2007）において，楠木他（2005, 2007）は，「次元の見える」イノベーションの限界の参考文献として，クリステンセン（1997）を挙げている。クリステンセンは，イノベーションを１）「維持型（持続的）」（次元が良く見え，既存の価値次元上でよりよい製品を追求），２）「ローエンド破壊型（ローエンド型破壊）」（次元がとてもよく見え，より低コストの技術で既存製品の過剰性能につけ込む），３）「新市場破壊型（新市場型破壊）」（イノベーションの次元を新しいものへ転換しようというもの）の３つに分けている。クリステンセンの主張は，業界をリードし，競争の感覚を研ぎすまし，顧客の意見に注意深く耳を傾け，新技術に積極的に投資する企業が，ある種の市場や技術の変化に直面した時に図らずもその地位を守ることに失敗するというものである。またそれらに着眼しつつ，その理由を解明しようとしている。そこでは特に維持型に関して，既存の次元でより良い製品を追求し続けると，技術的，物理的限界にいずれは突き当たってしまい，また，顧客の認知的な限界を超えてしまうことを理由として挙げている。楠木他（2005, 2007）は，ローエンド破壊型の例としてコモディティ化を積極的に受け入れて低コストに競争優位を求める「PC 業界・デル」を挙げ，新市場破壊型の例として従来の画素競争から降りて，軽さ・薄さといった新しい次元に焦点を移動させた「デジカメ業界・カシオ・エクシリム」を挙げ，これらのイノベーションのすべてが可視的な価値次元を前提にしているとする。楠木他（2005, 2007）は，このカシオ・エクシリムは，旅行の時に写真を撮るという発想から「いつも携帯して撮る」という発想に変革し，新しいデジカメの使われ方や新しい状況に着目してはいるものの，その商品は「軽い・薄い」を追求したものとなっており，可視性の高い「用途イノベーション」と定義している。つまり，これまでの価値次元を転換し，新しい物差しを見つけてはいるものの，その可視性は高く持続的な競争優位には寄与しないと言えよう。楠木他（2005, 2007）は，このようなクリステンセンの指摘の重要性は認めつつも，これまでのイノベーション研究は暗黙のうちにイノベーションを特定のパフォーマンスについての可視的な次元のうえを前進する現象として捉える傾向にあったとしている（楠木・阿久津，2005, p.248；竹内・楠木, 2007, pp.104-107を筆者が要約整理)。

(3) 事例として「インテル」を挙げている。同社は，90年代までは，MPUの駆動周波数（クロック速度），すなわち，処理速度の向上という次元的なイノベーションを展開してきたが，2001年に入ると，業績低迷をきっかけとして，すでに十分な「処理速度」をさらに追求するのではなく，「使い勝手のよいPCを実現するようなチップ」という新たな価値次元を創る戦略に出ることになった。ライバルは処理速度というこれまでの価値次元を追求する中で，同社は新たな価値次元を持ち込み，その結果シェア，利益率を向上させることになったとしている（竹内・楠木, 2007, pp.90-93を筆者が要約整理)。

(4) 事例として「任天堂」を挙げている。同社は，ハードの新モデルの販売の見送りをはじめ，時代遅れのゲーム機を使った価値次元の見えない面白さを前面に出したり，ゲームの背後にあるストーリーについて子供達の間で共有してもらうことを重視したり，一貫して次元の見えない価値を追求している（竹内・楠木, 2007, pp.93-95を筆者が要約整理)。また，前出の「インテル」においても，広報活動においてスピードや処理能力には触れず，新たな技術を使った通信機能をアピールし（デジタル無線機器として）ノートPCの新しい使い方を示すなど,「価値次元を壊す」戦略がとられているとしている（竹内・楠木, 2007, p.93を筆者が要約整理)。

(5) これに関連して，十川（2000）は，企業は厳しい環境条件のもとでも，コスト削減策に徹するのではなく，長期的な判断に立った経営の見直しが必要であるとし，不連続的な環境変化に企業が対処するためには，従来のような連続的変化に対処するための漸進的な戦略行動では不適切であり，創造的な経営（従来の企業経営の延長線上にある経営とは異なり，技術やノウハウの新しい組合せにより新製品・新市場開発を成果として実現しうる企業経営）が不可欠になるとしている（十川, 2000, pp.1-2を筆者が要約整理)。

第2章　「顧客にして欲しい思い」を基礎にした継続的なコンセプトデザイン

顧客と向き合うコンセプトをデザインするうえで有効か

第１節　本章の問題意識

日本の多くの業界・企業においては，多くの事業・製品を展開しつつ，しかもその事業・製品の多くが成熟期を迎えている。企業としても成熟期にある中で，このような成熟期にある企業では，多くの企業がライバルとの違いを意識し，物差し上の（価値次元の見える）競争を展開してきた。企業がこのような視点で違いをつくろうとする努力自体が，製品価値が価格に単純化するコモディティ化をさらに促進し，かえって差別化を難しくさせていた。成熟期にある企業の動向を見ると，その多くが，自社の利益獲得を狙い，業界内のどの企業にもない品質・機能や，安い価格を追求している。そのため，意識する重要な存在がライバルであり，製品等を提供する顧客は，ライバルより機能や品質をよく，低価格を実現すれば受け入れるだろうという程度の存在として捉えてきた。このように，企業の視点でものを考え，この顧客のことを思い，この顧客をどのようにしていきたい，この顧客にこのような思いになってもらいたいという，「顧客にして欲しい思い」の視点は十分とは言えない状況にあった。

このような成熟期にある企業に対して今後の方向性を示し，この方向に踏み出すうえでの要件について提示するのが「価値次元（以下，次元）の見えない」イノベーション論（楠木・阿久津，2005；竹内・楠木，2007。以下，著者名を楠木他と略記）である。前章では，楠木他（2005，2007）が提起する「誰が，なぜ，どのように喜ぶのか」を基礎にした「次元の見えない」イノベーション論は，企業に対して重要な示唆を与えてくれるとともに，幾つかの課題が存在することを明らかにした。この理論の主な課題は，企業がこの新たな「次元の見えない」イノベーションというものを「理解」し，「生み出す」ことであり，また，このイノベーションを「継続的に生み出す」ことであると言えよう。

これらの問題意識をもち本章では，まず，「次元の見える」イノベーションから「次元の見えない」イノベーションを創出することができたCVS（コンビニエンスストア）業界「ローソン」の事例分析を通じて，企業がこれまでにない「次元の見えない」イノベーションを創出する要件について探究する。また，一度はこの「次元の見えない」イノベーションを創出したものの，それ以降，同様のものが創出できていないと考えられる飲料・小売業界「スターバックス」の事例分析を通じて，企業が「次元の見えない」イノベーションを継続的に生み出す難しさについて確認するとともに，同イノベーションを創出したローソンと，同イノベーション創出後のスターバックスとのイノベーション創出にかかる取組み上の違いについて検討し，同イノベーションを創出する要因について探ることにする。これらの考察のうえに立って，これまで「次元の見える」イノベーションを継続的に展開し，顧客に対して十分に響かず，持続的な競争優位を確保できずにいた成熟期にある企業が，「顧客にして欲しい思い」を基礎にコンセプトをデザインすることで，「次元の見えない」イノベーションを生み出すことにつながり，また，このような思いを基礎にコンセプトをデザインし続けることで，同種のイノベーションを継続して創出することにつながることになるかを検証する。

第２節　「価値次元の見えない」イノベーション論の示唆と課題の概要

前章でも述べたように，成熟期にある業界や企業に対して有益な示唆を与えてくれるのが，「次元の見えない」イノベーション論（楠木他，2005，2007）である。楠木他（2005，2007）の主張を改めて整理すれば，彼らは，競争環境下にある企業の状況を踏まえ，１）企業のイノベーションの方向性の提示（次元が「見える」から「見えない」へ），２）次元の見えないイノベーションによりWTP（Willingness To Pay：顧客がどれだけお金を払いたいと思うかという支払意思額）を上げた企業事例の提示（例：ハードウェア・ソフトウェアから「ソリューション・サービス」へ戦略の軸足転換をする「IBM」，おいしいから「短時間での栄養補給」へ戦略の軸足転換をする「森永・ウイダーインゼリー（現商品名，in ゼリー）」，ベストセラーの品揃え，立地条件，営業時間から「特定の趣味やセンスで統一した商品を独自のレイアウトで展示」へ戦略の軸足転換をする「ヴィレッジヴァンガード」など），３）次元の見え方の段階の提示，4）次元を創造する視点の提示（可視性が高い・低い，属性・使用文脈という組合せにより），5）次元の見えない「コンセプトイノベーション」（誰が，なぜ，どのように喜ぶのかについて新しいストーリーを描く）の提示（例：音質にはこだわらず，自由な空間で音楽を楽しむことを提案した「ソニー・ウォークマン」），6）次元の見えないイノベーションの「実現」の難しさの指摘（企業が「可視性の罠」に嵌るため）など，企業がこれまでのイノベーションについて回顧・反省し，新たな方向に踏み出す要件について提示している。楠木他（2005，2007）の理論的考察および事例的考察のうえに立ったイノベーションの新たな方向性や，その創出のための論理は，企業にとって重要な示唆を与えてくれる。ただ，これらの重要な指摘の一方で，企業が実際に「次元の見えない」イノベーションを創出するためには，この中身を理解し，生み出すということ，また，これを継続的に生み出すという課題が導出される。

これらの課題を踏まえ，以下ではまず，次元の「見える」ものから「見えない」ものへとイノベーションの質を転換することができた「ローソン」の考察を通じて，成熟期にある企業が「次元の見えない」イノベーションを創出する要件について探ることにする。

第3節 「価値次元の見えない」イノベーションの創出とその要因：ローソン

CVS業界の「ローソン」は，ローソンミルク社[(1)]のノウハウをもとに独自のフランチャイズシステムを確立し，1975年6月に大阪府豊中市に第1号店を開店して以来，現在においても店舗数・売上ともに業界大手の企業である。同社は，業界最大手のセブン-イレブンとともに，顧客ニーズの多様化に応えるべく連続的に新商品・サービス・店舗を提供・展開しながら，CVSの概念構築の一翼を担ってきた。具体的には，24時間営業開始（1977年），映画前売り券の販売開始（81年），おでんの発売（82年），収納代行サービス開始（89年），各種チケット販売（96年），若い女性を主たる顧客にすえ「美と健康」に関する商品を取揃えた店舗「ナチュラルローソン」の開店（2001年），主婦層を主たる顧客にすえ生鮮食品を中心とした100円商品で構成する

図表 2-1 ローソンにおけるイノベーションの変化（2000年までとそれ以降）

ローソンにおけるターゲット顧客を明確にする以前（2000 年まで）の基本的戦略・基本的特徴
＝他社と同様の形態で（セブン - イレブンの戦略をなぞり），すべての顧客に対して同様の商品・サービスを，同様の店舗で提供する

【ローソンにおけるイノベーション】

① 24 時間営業開始（1977 年） ②映画前売り券の販売開始（81 年） ③おでんの販売（82 年） ④収納代行サービス開始（89 年） ⑤各種チケット販売（96 年）	既存の店舗内の中での商品・サービスの追加 ⇒ 漸進的なイノベーション ⇒ 「価値次元の見える」もの
⑥若い女性を主たる顧客にすえ「美と健康に関する商品を取り揃えた店舗「ナチュラルローソン」の開店（2001 年） ⑦こだわりのおにぎりの販売開始（02 年） ⑧主婦層を主たる顧客にすえ生鮮食品を中心とした 100 円商品で構成される店舗「STORE100」の開店（05 年） ⑨子育て層を主たる顧客にすえベビーグッズを取り扱うとともに，子供の一時預かりやスペース空間を確保した店舗「ハッピーローソン」の開店（06 年）	顧客層を絞り込み，当該顧客に訴求できるコンセプトの策定と，新商品・店舗の開発 ⇒ 急進的なイノベーション ⇒「価値次元の見えない」もの

出所：株式会社ローソン『Annual Report』をもとに筆者作成。

店舗「STORE100」の開店（05年），子育て層を主たる顧客にすえ幼児グッズを取扱い，子供の一時預かりや遊び空間を確保した店舗「ハッピーローソン」の開店（06年）等である（株式会社ローソン『Annual Report』2006年，pp. ⅱ - ⅲにおいて記述されている主たる商品・サービス・店舗より）。

例えば，「ナチュラルローソン」では，20～30代の若い女性を主たる顧客とし，ヘルシーな（健康によい）食料品を販売したり，豊富なコスメ用品を陳列したり，赤やピンクなどの色を使った女性らしい店舗にしている。また，「STORE100」では，学生や主婦を主たる顧客とし，鮮度にこだわった新鮮な野菜と果物を陳列したり，コンビニとスーパーを合わせた幅広い品揃えにしたり，メーカーとの共同開発のオリジナル商品により低価格化を実現している。さらに，「ハッピーローソン」では，若い子育て中の母親を主たる顧客とし，若い子育て中のママ達のコミュニケーションの場を設計し，店のシンボルとなっているミッフィーのグッズを配置したり，単に食品で構成するのではなく，絵本やおもちゃ，子供用家具を配置し，子連れの母親が入りやすい空間にしている（**図表2-1**）。

このようにCVSの新概念の創出に貢献してきた同社であるが，ターゲット顧客を明確にしつつ，それらを想定したコンセプトの設定，商品の展開，店舗の設計を行う，いわゆる「次元の見えない」イノベーションを生み出す以前（2000年以前）においては，基本的には業界最大手のセブン-イレブンの戦略をなぞり，すべての顧客に対して同様の商品を同様の店舗で提供してきた。また，そこで創出されたイノベーションは，既存の店舗の中での商品を追加するといった，いわゆる「次元の見える」ものであった。

しかし，同社は，ライバルとは異なる視点で訴求する顧客を明確にし，それらに適した商品を適した店舗で提供することが重要になると認識し，2000年以降，この顧客がこう喜ぶといったような「次元の見えない」イノベーションを展開している。当然にして，これらが自動的に生まれてきたわけではない。新浪剛史氏を中心とする当時の経営者が，顧客環境の変化を捉えながら，組織をまとめ，組織に勢いを生み，組織を触発する経営戦略（「脱セブン化」，「みんなと暮らすまちを幸せにします」）を策定し，イノベーションを創出させている。同社では，90年代後半においてCVS事業は成熟期にあり，顧客はCVSの概念ができあがっている（こんな商品構成で，こんな店舗というものを理解している）中で，ライバルと同様の形態で，すべての顧客に対して一律に同様の商品を同様の店舗で提供することは難しいと判断している。また，このように顧客がこれまでにない価値や新しさを求めている中で，組織をまとめ，組織に勢いを生み，組織を触発するために，新浪氏は全国で開かれるローソンセミナー（加盟店主・オーナーやその家族達との語らいの場）に出向き，今後の「勝ちパターン」（個店の商圏の属性に合わせた商品構成にしたい。ブルーローソンとの決別やセブン-イレブンの戦略をなぞらないこと等）を語りかけ，共有・確認している。そして，不満を意欲の表れと捉え，従業員の意見を積極的に聴取しつつ，それらの思いや考えを把握している。従業員の思いを正確に捉えるために，上述のローソンセミナーのみならず，「社長直行便」（フランチャイズチェーン加盟店の疑問，不満，提案を経営トップに送ることができる仕組み）により，経営者と従業員とが常に問題を共有できるようにしている（日経BP社『日経ビジネス』2006・09・25，日経BP社『日経ビジネス』2012・07・23）。

図表 2-2 ローソンにおけるイノベーション創出の諸要因

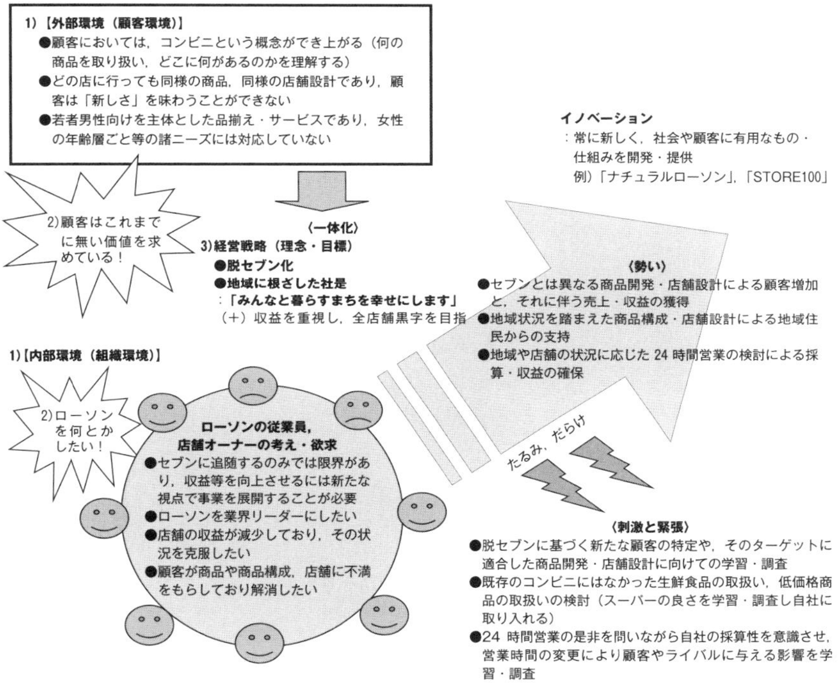

出所：日経BP社「脱セブン流で活路探る」『日経ビジネス』2006・09・25，同「『考えない組織』に戻らせない」『日経ビジネス』2012・07・23をもとに筆者作成。

同社において「ナチュラルローソン」をはじめとしたイノベーションを生むうえでの諸要因を当時の資料に基づきながら考察すると，**図表2-2**のように整理できる。同社では，1）内部環境や外部環境の変化の認識，2）内部環境と外部環境を統合したトリガー（きっかけ，契機）の特定，3）きっかけで終わらせず具体的に動いていくために，組織を一体化し，勢いを生み，触発（刺激・緊張）させるような経営戦略の策定，等の経営者と従業員との協働作業よりこれまでにないイノベーションを創出していると言えよう。

この当時のローソンのように，ターゲット顧客やそれらへのコンセプトを明確にしながら「次元の見えない」イノベーションを生む企業がある一方，一度このイノベーションを創出したものの継続的に創出できていないと考えられる企業が存在する。

第４節　「価値次元の見えない」イノベーションの継続的創出の難しさ：スターバックス

米国におけるそれまでのコーヒーの捉え方（ドーナッツを食べる時に飲む，スナックと一緒に飲む）を大きく変え，「サードプレイス（自宅や会社ではない第３の場所）：ちょっとリラックスする空間を提供する」という新しいカテゴリーを創造したとされるのが，飲料・小売業界の「スターバックス」（以下，スタバ）である。このように価値の再意義および可視性の低下を果たし「次元の見えない」イノベーションを創出したとされるスタバであるが，その創出以降の展開をみていくことにしよう。

同社は2000年以降，規模の拡大を重視し，いわゆる大企業病に陥ることになった。また，マクドナルド等が低価格でコーヒー市場に参入したことに伴う消費者のコーヒーに対する意識の変化にも十分対応できず，同社は08年度第３四半期決算で設立以来はじめて赤字を算出している。

赤字からの脱却を目指し，会長職に退いていたハワード・シュルツ氏は，再び経営の最前線に戻り08年から09年にかけて大規模な不採算店の閉鎖や，リストラを断行している（米国内外で900店を閉鎖，1.8万人をリストラ）。また，理念を築き上げてきたシュルツ氏は，原点に立ち返り，基本理念を共有し，顧客のみならず社員（正規，パート問わず）との信頼を強化することを再興の基軸に掲げ，その結果，10年度はそれまでの過去最高益の14億7,200万ドル（店頭売上の伸び率は09年度より７ポイント上昇）を出すに至っている。ただ，その中身を見ると，従前のようなイノベーションではなく，顧客の不平不満を改善したり，地域に合った店舗をつくったりといった，これまで他の業界でよく見られる「次元の見える」ものであり，これらからも，「次元の見えない」ものを「継続的」に創出することの難しさがうかがえる。

その当時の同社の展開やその中身はどのようなものであったのであろうか。当時の資料をもとに同社の2008年以降の具体的な展開について考察すると，**図表2-3**のよう整理できる。１）は商品および販売促進，２）は商品，３）

図表 2-3　スターバックスにおける2008年以降の主要な取組み
（ハワード・シュルツ CEO が実施した諸施策）

施策	狙い・目標	内容・特徴
1) SNS（ソーシャルネットワーキングサービス）を活用した顧客の囲い込み	ースタバのあるべき姿を顧客から聞く（業績回復の策が顧客の真の声に隠されているのではないか） ー店舗規模の拡大に伴い，顧客にとって何が大事なのか，何に関心をもっているのかを瞬時に知り，傾向をつかむ方法が必要 ースタバに対する批判的な視線・声（例：高くてろくな食べ物がない，コーヒー生産国の農民から収奪している）を1つの場所に誘導し，闇雲にブランドイメージを傷つけられるリスクを削減する ー人が店舗で得る感覚と同様の結びつきをできるだけ忠実にデジタルで再現する	ースタバに対する改善策を募集するサイト“My Starbucks Idea”の開設（2008年3月） ー上記サイトに同社の製品やサービスに対する案を書き込むことができ，それに対して各領域の担当者が専用ブログを通じて回答する ー他人の意見を閲覧して賛成意見には自由に投票でき，高評価を得た案や改善案は同社が実現する（実現した例：Wi-Fi の店舗，フェイスブック上から友人にギフトを送れるサービス） ー他の顧客と意見交換ができ（仲間意識を与える），自分の案を採用される可能性といった楽しみ ー自宅や会社ではないサードプレイスは店舗，オンライン上に設けた仮想空間を「フォースプレイス」と位置付ける。フェイスブックは約2,000万人のファンをもち（世界中では30の公式ページで3,000万人の顧客がスタバとの対話に参加），キャンペーン告知，意見交換，自社専用のアプリ（Starbucks Card）でスタバ専用のプリカの発行からチャージを行う
2) 粉末スティックコーヒーの投入と，味が気に入らない場合の交換サービス	ー世界で230億ドルあるとされる粉末スティックコーヒー市場で過去にない品質のものを提供する ースタバのクオリティーの高さをアピールする	ー家庭や会社で飲むための粉末コーヒー“Starbucks VIA Coffee Essence（ヴィア）”の発売（2009年2月） ーヴィアの値段は1スティック（一杯分）1ドルで，味を保証（Taste Promise）し，「挽きたてコーヒーより劣る場合は，喜んで店頭の袋入りコーヒーと交換する」ことを表明 ーヴィアの肯定的意見が SNS などを通じて一気に広がり（消費者同士で情報を共有し購入を決断），発売から10カ月で1億ドルの売上を算出 ⇒ かつてないほどの革新を果たしたとシュルツ CEO は認識
3) 地域・環境配慮型店舗の拡大	ー地域の特性を活かしながら多様な店舗（緑のロゴの店舗ではない店舗）で客層を広げる ー幅広い価値観やこだわりのある層を余すところなく取り込みリピーターにする	ーシアトル最大の観光地・パイクプレイスマーケット近隣に，茶色のロゴで，リード認証（建築物の環境性能を第三者が評価・認証）を取得した広告塔の店舗“1st and Pike 店”を開店 ←至る所に銅板が張られ，そこには近隣の建造物の木材を再利用している説明書きが施されており，ここでは初老の男女や地元客がコーヒーを片手に談笑（新規顧客を獲得） ーシアトル郊外のキャピタルヒルに，緑色のロゴがなく，こだわりのある地元のカフェのような様相の店舗“Roy Street Coffee & Tea”を開店 ←アルコールやチーズといったダイニング風のメニューであり，顧客のほとんどがスタバの店舗と気づかず（隠れスタバも登場し，スタバ嫌いを取り込む） ⇒ 地域を巻き込むことがスタバのミッションのコアとシュルツ CEO は認識

出所：日経 BP 社「原点回帰で最高益」『日経ビジネス』2011・03・14，同社ウェブページ，同社『Annual Report』2009年をもとに筆者が整理。

図表 2-4　2008年以降のスターバックスのイノベーションの性格と課題

施策／イノベーションの項目	当該イノベーションの性格とスタバの課題
1）SNS を活用した顧客の囲い込み／商品・販売促進	●SNS を活用して具体化されたものは，基本的には「潜在的ニーズ」（顧客は感じているが企業自身がそのニーズを知らない）を具体化したもの ●今後の展開において必要になるのは，企業はおろか顧客自身もその存在を十分に意識していない「未知のニーズ」の発掘と，その具体化（スタバのサードプレイスは，それまでコーヒーチェーンの概念を変えた未知のニーズの発掘とその具体化）ではないか
2）粉末スティックコーヒーの投入と，交換サービス／商品	●これまでの「場所･空間で顧客にどういった気持ち」という視点ではなく，「コーヒーの品質の良さ」といった視点 ●サードプレイスという場所・空間の提供を柱にしてきた企業が，家庭・会社で飲むための高品質の粉末コーヒーを提供するといった，これまでも良く見られた「価値次元の見える」イノベーションを展開
3）地域・環境配慮型店舗の拡大／店舗	●ターゲットの絞り込みによる新店舗の展開に伴い，これまでにない層の顧客を誘引しているが，スタバらしさやこれまでのスタバの取組みを十分に活かしたものとは必ずしも言えない（スタバ色を隠す）

新たなカテゴリー？
コンセプトを創造？

価値次元の見えるもの？

価値次元の見えないもの？

出所：日経 BP 社「原点回帰で最高益」『日経ビジネス』2011・03・14，同社ウェブページ，同社『Annual Report』2009年をもとに筆者作成。

は店舗といったマーケティングイノベーションであり，また「次元の見える」イノベーションと言えるであろう。いずれも新たなカテゴリーやコンセプトを創造するような「次元の見えない」イノベーションではない。つまり，1）では，SNS を活用して具体化されたものは，基本的には「潜在的ニーズ」（顧客は感じているが企業自身がそのニーズを知らない）を具体化したものである。今後の展開において必要になるのは，企業はおろか顧客自身もその存在を十分に意識していない「未知のニーズ」の発掘とその具体化（スタバのサードプレイスはそれまでのコーヒーチェーンの概念を変えた未知のニーズの発掘とその具体化）ということができる。また，2）では，これまでの「場所・空間で顧客にどういった気持ち」という視点ではなく，「コーヒーの品質の良さ」といった視点である。「サードプレイス」という場所・空間の提供を柱にしてきた企業が，家庭・会社で飲むための高品質の粉末コーヒーを提供するといった，これまでもよく見られた「次元の見える」イノベーションを展開している。さらに3）では，ターゲット顧客の絞り込みによる新店舗の展開に伴い，これまでにない層の顧客を誘引しているが，スタバらしさやこれまでのスタバの取組みを十分に活かしたものとは必ずしも言えない

図表 2-5 スターバックスの近年のイノベーションおよび利害関係者への影響

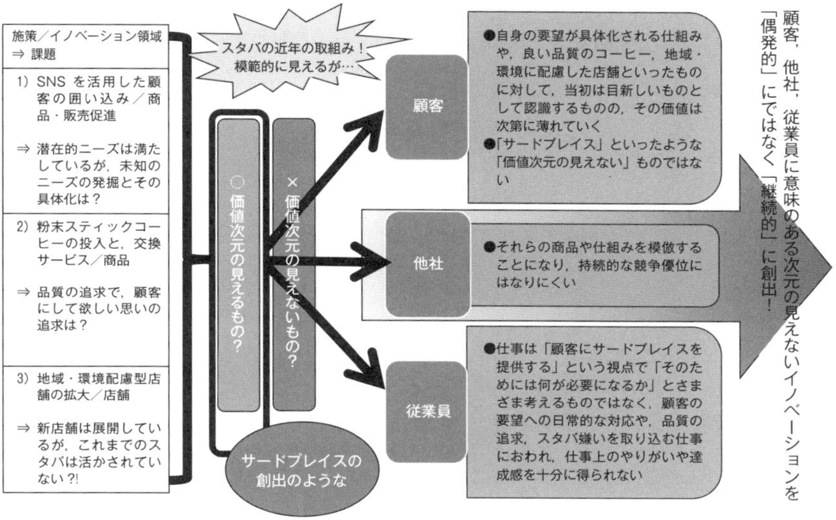

出所：日経 BP 社「原点回帰で最高益」『日経ビジネス』2011・03・14，同社ウェブページ，同社『Annual Report』2009年をもとに筆者作成。

（**図表2-4**）。

上記の諸施策およびそれにより創出した新たな商品・仕組み・店舗等はこれまでのイノベーション論や戦略論の範疇であれば，模範的な事例として取り上げられたであろう。ただ，上記のものは「次元の見えやすい」ものであり，同社がかつて顧客に対して提供した「サードプレイス」といったような「次元の見えない」ものではない。したがって，顧客は，自身の要望が具体化される仕組みや，良い品質のコーヒー，地域・環境に配慮した店舗といったものに対して，当初は目新しいものとして認識するものの，その価値は次第に薄れていく可能性が高い。また，ライバルもそれらの仕組みを模倣することになり持続的な競争優位にはなりにくい。さらに，従業員の仕事も「顧客にサードプレイスを提供する」という視点で「そのためには何が必要になるか」と，さまざま考えるものではなく，顧客の要望への日常的な対応や，品質の追求，スタバ嫌いを取り込む仕事におわれ，仕事上のやりがいや達成感を必ずしも十分に得られるものではない。

多くの業界・企業では多くの事業・製品を展開し，しかもそれらが成熟期を迎えている。スタバの展開からも明らかであるように，このような成熟期にある企業においては，偶発的ではなく「継続的」に「次元の見えない」イノベーションを創出することが必要となる（**図表2-5**）。

第5節　考察：成熟期にある企業をいかにデザインするのか

なぜ，ローソンは「次元の見えない」イノベーションが生まれ，スタバは一度生まれたそれが継続的に生まれないのだろうか。その理由は，第1に，経営者と従業員とが現状の問題を共有し，今後のイノベーションの方向性について確認している点にあると考えられる。ローソンは，経営者が従業員とともにこれまでのイノベーションの問題点を確認したり，今後はこれまでとは異なるイノベーションが必要になること（従来のイノベーションからの決別）を確認している。一方，スタバは，従業員との信頼を強化すべく，店長級には，ニューオーリンズ（ハリケーン「カトリーナ」で甚大な被害を受けた街）での地域支援活動（ペンキ塗りや家屋の修繕）に参加してもらい，「ホスピタリティをもって顧客一人ひとりの心を満たす」という事業の本質を再認識してもらっている。また，正社員やパート社員には，店舗の営業を一時的に中断して再教育（3時間かけてエスプレッソの淹れ方の指導）を行い，スタバが本来もっている価値を再認識してもらっている。つまり，（それはそれとして重要そうであるが）経営者は従業員とともにイノベーションの問題点を確認するという視点ではない。そして，CEOのシュルツ氏は，「粉末スティックコーヒーの投入と，味が気に入らない場合の交換サービス」について，従来ないほどのイノベーションを果たしたと認識し，また「地域・環境配慮型店舗の拡大」について，地域を巻き込むことがスタバのミッションのコアと認識している。つまり，経営者は今後の方向性として「次元の見える」イノベーションを前向きに捉えている。

また第2に，第1を基礎にして，経営者と従業員とが「顧客にどのような思いをしてもらいたいのか」というコンセプトを協働で策定し，そのコンセプトの具体化を通して従業員が仕事上のやりがいをもつことができている点にあると考えられる。ローソンは，これまでライバルの動きを重視し，利便性の高さや豊富な品揃え等を追求してきたが，それを顧客がどう捉え，今後どのような思いをしてもらいたいのかを考えている。またローソンでは，このような「顧客にしてほしい思い」を基礎にして，従業員のアイディアを結集させ，ターゲット顧客を明確にしたこれまでにない新たな店舗を展開しており，顧客はその展開を支持している。一方，スタバは，かつてのような「顧客にサードプレイスを提供する」という視点ではなく，顧客の要望が具体化される仕組みをつくり，よい品質のものを，地域・環境を配慮した店舗でという顧客のニーズを踏まえた製品・店舗づくりを強調している。かくして，顧客は自身の要望が具体化される仕組みや，良い品質のコーヒー，新たな店舗に対して，当初は目新しいものとして認識するが，その価値は次第に薄れていく。ライバルもそれらの仕組みを模倣することになり，持続的な競争優位にはなりにくい。また，スタバでは，従業員の仕事も「顧客にサードプレイスを提供するために何が必要になるか」をいろいろと考えるものではなく，顧客の要望への日常的な対応や，品質の追求，スタバ嫌いを取り込む仕事におわれ，仕事上の達成感等を必ずしも十分に得られるものではない(**図表2-6**)。

スタバの事例からも明らかなように，「次元の見えない」イノベーションを継続的に生み出すことは難しい。一度「次元の見えない」ものを生み出しても，企業は「可視性の罠」（楠木他，2005，2007）にはまり「次元の見える」ものを生み出してしまうからである。したがって，ローソンにおいても一度「次元の見えない」イノベーションが生まれたからといって，継続的に生まれる保証はない。関連して，ローソンとスタバの２社の事例の比較分析からも明らかなように，このようなイノベーションを創出したり，継続的に創出していくためには，１）経営者と従業員の間において既存のイノベーションの問題点や今後のイノベーションの方向性について確認する，とともに，２）「顧客にしてほしい思い」をもとにしたコンセプトづくりやその具体化に従業員が関わり，やりがいを得ること，等が重要な要因となるであろう。

図表 2-6　「次元の見えない」イノベーションが生まれた背景として考えられる要因

両社を比較して，ローソンにおいて「次元の見えない」ものが生まれた背景として考えられる要因	ローソン	スターバックス
1) 経営者と従業員とが現状の問題を共有し，今後の革新の方向性について確認している点	◎経営者と従業員との問題点の共有 ◎経営者と従業員による既存の革新の否定ないし疑問視 ⇒ 経営者が全国を行脚し（ローソンセミナーを開催），経営者と従業員とがこれまでの革新の問題を共有したり，今後の方向性を（従来の革新からの決別について）確認	○従業員との信頼を強化するような取組を推進 店長級：ニューオーリンズ（ハリケーン「カトリーナ」で甚大な被害を受けた街）での地域支援活動（ペンキ塗りや家屋の修繕）に参加してもらい，「ホスピタリティをもって顧客一人ひとりの心を満たす」という事業の本質を再認識してもらう 正社員，パート社員：店舗の営業を一時的に中断して再教育（3 時間かけてのエスプレッソの入れ方の指導）を行い，スタバが本来もっている価値を再認識してもらう ⇒ 経営者は従業員とともに革新の問題点を確認するという視点ではない ○経営者による既存の革新の肯定 CEO のシュルツ氏は，「粉末スティックコーヒーの投入と，味が気に入らない場合の交換サービス」について，従来ないほどの革新を果たしたと認識し，また「地域・環境配慮型店舗の拡大」について，地域を巻き込むことがスタバのミッションのコアと認識 ⇒ 今後の方向性として「次元の見える」イノベーションを前向きに捉えている
2) 上を基礎にして，経営者と従業員とが「顧客にどのような思いをしてもらいたいのか」というコンセプトを協働で策定し，そのコンセプトの具体化を通して従業員が仕事上のやりがいをもつことができている点	◎革新においてこの顧客をどのようにしたいのかを追求 ⇒ これまでライバルの動きを重視し，利便性の高さや豊富な品揃え等を追求してきたが，それを顧客がどうとらえ，今後どのような思いをしてもらいたいのかを考える ⇒ このような「顧客にして欲しい思い」を基礎にして，従業員がアイディアを結集させ，対象顧客を明確にしたこれまでにない新たな店舗を展開しており，顧客はその展開を支持している	○革新において高品質・高機能を追求 かつてのような「顧客にサードプレイスを提供する」という視点ではなく，顧客の要望が具体化される仕組みをつくり，よい品質のものを，地域・環境を配慮した店舗でという顧客のニーズを踏まえた製品・店舗づくりを強調 ⇒ 顧客は，自身の要望が具体化される仕組みや，良い品質のコーヒー，新たな店舗に対して，当初は目新しいものとして認識するが，その価値は次第に薄れていく ⇒ ライバルもそれらの仕組みを模倣することになり持続的な競争優位にはなりにくい ⇒ 従業員の仕事も「顧客にサードプレイスを提供するために何か必要になるか」とさまざま考えるものではなく，顧客の要望への日常的な対応や，品質の追求，スタバ嫌いを取り込む仕事におわれ，仕事上の達成感等を必ずしも十分に得られるものではない

出所：本章の考察をもとに筆者作成。

成熟期にある企業が「可視性の罠」に嵌らず，「次元の見えない」ものを創出し，またそれを継続的に創出すためには，企業全体でこれまでのイノベーションについて回顧・反省し，「顧客にしてほしい思い」を基礎にしながらコンセプトを継続的にデザインしていくことが極めて重要になる。

第6節　結びにかえて

ローソンとスタバの事例分析により，成熟期にある企業をいかにしてデザインしていくのかが導き出される。これらの企業の事例分析からも，成熟期にある企業が「次元の見えない」イノベーションを生み出したり，継続的に生み出していくうえでは，「顧客にして欲しい思い」を基礎にした経営のような新たな経営の展開が必要であることが明らかとなる。この「顧客にして欲しい思い」を基礎にした経営（思いの経営）とはどのような枠組みや論理であろうか。上述のように，成熟期にある企業の多くは，これまで企業の論理で物事を考え，ライバルの動きや取組みを重視し，「品質・機能・価格」などを追求してしまい，顧客には十分に響かない製品・サービスの提供になってしまっていた。それにより，ライバルに対して持続的な競争優位につながらなかったり，これらの活動の参加した従業員のやりがいにはつながらなかったりという問題が生まれていたと言えよう。

それらの成熟期にある企業の諸課題を踏まえると，ローソンとスタバの比較分析からも分かる，「経営者と従業員とが現状の問題点を共有し，今後のイノベーションの方向性について確認する」ことからはじまる**図表2-7**のような枠組みを考えていくことが重要となるであろう。この経営の枠組みは，各種利害関係者の存在とそれらとの良好な関係化を考えたものであり，「顧客にして欲しい思い」のようなものを基本方針にした論理である。より具体的には，成熟期にある企業においては，経営者と従業員の間で，ライバルの動向を重視することで生まれていた「品質・機能・価格の追求は顧客には十分に響かない」ということを回顧・反省することになる。これらを踏まえて，かかる企業では，ライバルを一定程度意識しながら，顧客の使用状況・文脈

図表 2-7　「顧客にして欲しい思い」を基礎にした経営（思いの経営）の枠組み

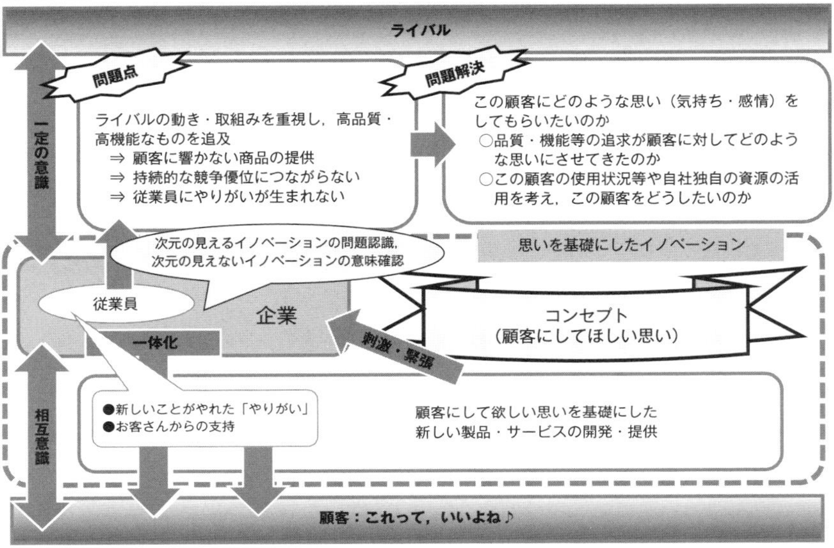

出所：本章の考察をもとに筆者が枠組みを提起。

や自社独自の資源の活用を考え，顧客にどのような思い（気持ち・感情）をしてもらいたいのかということを基礎にした製品やサービスを開発していくことになる。そして，かかる企業の従業員においては，このようなこれまでと異なるイノベーション（「次元の見えない」イノベーション）への参加を通して仕事へのやりがいを感じてもらえるようになる。このような枠組み・論理である。

この「顧客にして欲しい思い」を基礎にした経営（思いの経営）の枠組み・論理により，顧客においては，これまで味わったことのない思いを経験することができ，従業員においては，これまでにない新しいことをやることができ，顧客からも支持されることによるやりがいを得られるようになり，この企業にしかない展開，すなわち競争優位が確立されることになると考える。このように，「顧客にして欲しい思い」のような方針をもつことにより利害関係者の相互の関連付けがなされ，それぞれとの良好な関係がなされうることになる。

この「思いの経営」の枠組みや論理をもとにしながら，次章以降では，この経営によるイノベーションの創出や，この経営の有効性について検証することにする。

(1) 米国オハイオ州においてJ.J.ローソン氏が牛乳屋「ローソン」という牛乳販売店を営業していた。彼はその後日用品等を含む生活必需品を販売する「ローソンミルク社」を設立し，米国北東部を中心にチェーン展開を行った。現在のコンビニチェーン名「ローソン」や看板のミルク缶デザインはこの牛乳屋「ローソン」が発端となっている。1959年，ローソンミルク社は食品業界大手のコンソリデーテッド・フーズ社の傘下となり，オハイオ州に広範囲で店舗展開を進めるとともに，コンビニエンスストアの運営システムを確立することになった（ローソン ウェブページ「ローソンの歴史」内の「ローソンの由来」より筆者が整理）。

第3章　「思いの経営」によるイノベーション創出の枠組みと論理

「価値次元の見えない」イノベーションを創出する枠組みとして有効か

第1節　本章の問題意識[1]

前章まで述べてきたように，「価値次元（以下，次元）の見えない」イノベーションは，「次元の見える」イノベーションを展開してきた企業にとって，これまで体験したことのないものとなる。したがって，成熟期にある企業がコモディティ化から脱出することを意図して「次元の見えない」イノベーションの創出を考えても「可視性の罠」に嵌り，そこで生み出されるのは結局，「次元の見える」ものとなってしまう（例えば，ビールメーカーでは素材，品質，鮮度，香り，のどごし，口当たり等。スーパーでは品揃え，鮮度，買い回り，営業時間等。アパレルメーカーでは素材，質感，着心地，カラー等）。

上述のように，これらを主張する「次元の見えない」イノベーション論（楠木他，2005，2007）は，成熟期にある企業に対して今後のイノベーションの方向性を示し，この方向に一歩踏み出すうえでの要件について提示している。その意味では，コモディティ化から脱出しようとする企業に対して重要な示唆を与えてくれる。一方，企業が実際にこのようなイノベーションを創出するためには幾つかの課題が導出される。

第1章では，このイノベーション論は企業に対して重要な示唆を与えてくれるとともに，幾つかの課題が存在することを明らかにした。同理論の主な課題は，企業（経営者や従業員）がこの新たな「次元の見えない」イノベーションというものを「理解」し，「生み出す」ことであり，また，このイノベーションを「継続的に生み出す」ことであると言えよう。そして，第2章では，このような理論的な課題を踏まえて，次元の「見える」ものから「見えない」ものへ転換することができたCVS（コンビニエンスストア）業界「ローソン」の事例分析を通じて，企業がこれまでにない「次元の見えない」イノベーションを創出する要件について探究した。また，一度は「次元の見えない」イノベーションの創出したものの，それ以降，同様のイノベーションが創出できていない飲料・小売業界「スターバックス」の事例分析を通じて，企業が「次元の見えない」イノベーションを継続的に生み出すことの難しさについて確認するとともに，同イノベーションを創出したローソンと，同イノベーション創出後のスターバックスとのイノベーション創出にかかる取組み上の違いについて検討した。これらの考察からも明らかであるように，これまで「次元の見える」イノベーションを継続的に展開し，顧客に対して十分に響かず，持続的な競争優位を確立できなかった成熟期にある企業にとっては，「次元の見えない」イノベーションを創出し，また継続的に創出しながら戦略的な経営を展開していく必要があり，「次元の見えない」イノベーションを創出する論理について探究することが極めて重要になる。

これらの理論上の課題を克服すべく，本章では，「顧客にして欲しい『思い』（感情，表情，表現）」を基礎にした経営（思いの経営）を提起し，成熟期にある業界・企業においてその意味や重要性を検証することにする。

自分（達）がこうしたいと思っていることを一般に「思い」と言うが，ここでは，相手がこういう思いになって欲しいということを「思い」と表現している。つまり，「顧客にして欲しい思い」を自分（達）が思い，考えていくことを基礎にした経営である。

この「顧客にして欲しい思い」を基礎にすることにより，「次元の見えない」イノベーションというものが経営者や従業員にとって「見える」ようになりやすく，結果として，顧客に何がしかの「思い」をしてもらったり，この「思い」がライバルとの違いとなったり，さらにはこの「思い」の醸成に関わった従業員のやりがいや生きがいにもつながりうることになる。本章では，この「思い」を基礎にした新たな経営の枠組みと，それによるイノベーション創出の過程・段階について提起する。また，このような「思いの経営」の枠組みにより，成熟期にある企業においてどのようなイノベーションが創出されうるのかを試論する。ここでは，これまで「次元の見える」イノベーションを展開してきた代表的な業界・企業であるビール業界「サッポロビール」に焦点を当て，「思いの経営」によりイノベーションを創出することの意味・効果について考察することにする。

第2節　価値次元の見えないイノベーション論の重要な貢献と，理論上の課題

これまでの章で述べてきたように，「価値次元の見えない」イノベーション論（楠木他，2005，2007）は，成熟期にある業界や企業に対して，1）企業がこれまでのイノベーションの問題点を自覚できる，2）企業がこれまでの状況に陥る原因を理解し，新たな方向に向かうことの必要性を認識できる，3）企業が今後のイノベーションの具体的方向性とそこに向かうことによる自社への効果を理解できる，という点でその意義は大きい。より具体的には，同理論は，競争環境下にある企業に対して，①企業のイノベーションの方向性の提示（価値次元が「見える」から「見えない」へ），②価値次元の見えないイノベーションによりWTP（Willingness To Pay：顧客がどれだけお金を払いたいと思うかという支払意思額）を上げた企業事例の提示，③価値次元の見え方の段階の提示，④価値次元を創造する視点の提示（可視性が高い・低い，属性・使用文脈という組合せにより），⑤価値次元の見えない「コンセプトイノベーション」の提示，⑥価値次元の見えないイノベーションの「実現」の難しさの指摘（企業が「可視性の罠」に嵌るため），等をしており，企業がこれまでのイノベーションについて回顧・反省し，新たな方向に踏み出す要件を提示していると言えよう。

一方で，これも前述のように，成熟期にある企業が実際にこのようなイノベーションを生み出そうと考えた時に，幾つか課題や疑問が存在する。それは，1）これまでのイノベーションの問題点や新しい方向性へ向かうことの必要性を理解するだけで次元の見えないものが生まれるのか，2）同イノベーションについて（事例を見るのみで）経営者や従業員が実際に想像し，考え，創出が可能か，3）単一の製品のみではなく企業全体で同イノベーションを生み出すことが可能か，4）同イノベーションを「継続的に」創出できるのか，等である。

成熟期企業にとって意味のあるこのようなイノベーションの重要性を認識し，第2章では，「次元の見えない」イノベーションを創出したCVS業界「ローソン」と，一度は「次元の見えない」イノベーションを創出したもの

の，それ以降，同様のものが創出できていない飲料・小売業界「スターバックス」との創出にかかる取組み上の違いについて検討し，「次元の見えない」イノベーションを生み出し，継続的に生み出す要件を考察した。スターバックスの事例からも明らかなように，「次元の見えない」イノベーションを継続的に生み出すことは難しい。一度「サードプレイス」というコンセプトを定義し，製品，サービスおよび空間をデザインするといった「次元の見えない」ものを生み出しても，企業は「可視性の罠」に嵌り「次元の見える」ものを生み出してしまうからである。したがって，ローソンにおいてはあるターゲットを特定し，そのターゲットの使用状況・使用場面を想定しながら「価値次元の見えない」イノベーションを創出することができたものの，一度生まれたからといって，継続的に生まれる保証はない。ローソンとスターバックスの２社の比較分析からも明らかであるように，このようなイノベーションを継続的に創出していくためには，まず，経営者と従業員の間において既存のイノベーションの問題点や今後のイノベーションの方向性について確認することが必要となる。また，「顧客にしてほしい思い」をもとにしたコンセプトづくりやその具体化に従業員が関わり，やりがいを得ること，等が不可欠となる。

成熟期にある企業が「可視性の罠」に嵌らず，「次元の見えない」イノベーションを創出し，またそれを継続的に創出すためには，企業全体で「次元の見えない」イノベーションを創出することの意味や効果について確認するとともに，これまでのイノベーションを回顧・反省したり，そこから抜け出そうとする判断が求められよう。また，どのようにしたら「次元の見えない」イノベーションが生まれそうかについて企業全体で確認していくことが必要となるであろう。

以降では，成熟期にある企業においては重要であるものの，理解しにくく，生み出すことが難しい「次元の見えない」イノベーションについて，それを生み出し，継続的に生み出す経営枠組みや論理について具体的に考えていくことにする。

第3節　価値次元の見えないイノベーションの「継続的」創出に向けて：「思いの経営」によるイノベーション

1．「思いの経営」とは

「顧客にして欲しい思い」を基礎にした経営（思いの経営）の枠組みやそれによる利害関係者との関係化については，第2章において提起した。

ここでは，上述のような「価値次元の見えない」イノベーション論の課題を克服すべく，「思いの経営」という経営枠組みをより具体化し，この枠組みによりいかにイノベーションが創出されうるかを考察することにする。この「思い」(2)とは，「顧客にして欲しい思い」である。つまり，顧客をどのようにしたいのか（どのような感情をもってもらいたいのか，どのような表情や表現をして欲しいのか）である。この「顧客にして欲しい思い（感情，表情，表現）」は，楠木他（2005，2007）がコンセプトイノベーションにおいて提起する「誰（この顧客）が，なぜ，どのように喜ぶのか」に当たる。人の喜びは，何がしかの「思い」（感情，表情，表現）で表すことができるため，この喜び方を具体的な「思い」で表したほうが経営者や従業員の目指す方向が分かりやすくなる。したがって，経営者や従業員の目標は製品の品質や機能の向上ではなく「思い」の達成となるため，製品開発の視点が広がり，新たなものが開発されやすくなる。この「思い」を経営や戦略の基礎とするのが「思いの経営」である。

この「顧客にして欲しい思い」は，言うまでもなく「企業側が考える」思いである。ただ，この企業側の思いを感じるのはあくまで「顧客」であり，価値判断の主体は「顧客」となる。企業側は顧客がこれまで使用した経験やその際にどのような思いをさせてきたのかを踏まえ，「この顧客」というものを特定し，その顧客が使用する状況・場面等を考えながら，顧客にして欲しい「新たな思い」を定義することになる。また，この「思い」をしてもらえるよう製品等を考え，顧客に対して投げかけることになる。

つまり，この顧客に製品が受けとめられてはじめて，企業が考えた思いが伝わったと捉えることができるため，価値判断の主体は，企業ではなく顧客となる。これらを踏まえれば，価値を生み出すのは企業であり，モノとしての製品に埋め込まれた価値が，企業から顧客へと一方的に提供されるという考え方である「G-D ロジック」（Goods-Dominant Logic）とは，視点が異なる。G-D ロジックでは，企業がグッズに交換価値（value-in-exchange）を付加するという形での価値提供が基本であり，価値判断の主体は企業となる。

一方，価値判断の主体が，企業側ではなく「顧客」側にあるとするのが「S-D ロジック」（Service-Dominant Logic）である（バルゴ＝ルッシュ，2004）。S-D ロジックでは，G-D ロジックのような顧客への「価値提供」から，企業と顧客が一緒になって文脈価値（企業と顧客とのお互いが共同主観的に共有できる価値・意味）を創造する「価値共創」を主張している。ラマスワミー＝グイヤール（2010）によれば，価値共創の事例として，スポーツメーカーのナイキがアップルと共同で立ち上げたもので，ジョギングをする人は音楽を聞きながら走るということに着目した仕組み「Nike ＋」（シューズに付ける高性能センサーと iPod Touch または iPhone に内蔵された無線機からなり，受信機がセンサーの信号を受け取る仕組みで，音楽を聞きながらジョギングをするとセンサーが走行距離，速度，燃焼カロリーを計測するとともに，データを Nike ＋上にアップロードすると端末画面上で自身の目標に対する達成度を確認することができる）を挙げ，また，合澤（2014）によれば，価値共創の事例として，電機メーカーのパナソニックがスマートフォンアプリと連携し，クラウドサービスに接続できる「スマート家電」（スマートフォンを利用してエアコンを遠隔操作したり，冷蔵庫の省エネ状況を確認したり，洗濯機を使用する場合には洗剤や柔軟剤の最適な量がスマートフォンで分かる仕組み）を挙げている。

ここで提起する「思いの経営」とこの「S-D ロジック」との共通項は，価値判断の基準が「顧客」であるという点と，価値実現の前提として，企業が顧客の使用の目的・状況・場面を理解するという点である。ただ，ここで言う価値共創の事例からも明らかであるように，消費財のうち顧客が加工・編集・操作可能なものであれば，企業と顧客とが共同で価値を創造するということは考えられるが，消費財は食品・飲料（材料として食品は除く）などのように顧客とともにつくることが難しいものがほとんどである。これらの点を踏まえれば，S-D ロジックで主張する価値共創という概念は重要と認めつつも，企業が顧客の使用文脈を考えながら「顧客にして欲しい思い」を定義し，それを踏まえながら製品・サービスを開発し，顧客がその製品を使用した後，価値判断をし，顧客がその思いを感じることができるのかが極めて重要と考える。

企業は後述する**図表3-2**のようなプロセスをたどることを通じて，企業が考えるものと，顧客の思いとのズレを生じないように配慮する必要があるし，顧客が使用した後においても，PDCA（Plan → Do → Check → Act）を組み込みながら双方の思いがズレないように確認していくことが重要となる(3)。

さて，「顧客にして欲しい思い」を経営や戦略の基礎にすることの意味は何であろうか。「思い」というものを経営や戦略の基礎にすることで，顧客へ提供されるものは「次元の見える」ものではなく，「次元の見えない」ものとなり，企業の持続的な競争優位の確立につながりやすくなる。顧客はその製品の価値次元はよく分からないものの，他の企業にはない何がしか「思い」を味わうことになる。企業は顧客に対して，その「思い」と整合性のある多種多様な価値を製品・サービスという形で継続的に提供することで，顧客は企業に対して，「このような思い」をさせてくれる企業と捉えるようになる。そして「このような思い」がその企業の独自性であり，ライバルとの明確な「違い」となる。

また，この「思い」を経営や戦略の基礎にすることで，従業員は「やりがい」や「生きがい」をもち仕事をすることができるようになる。高品質化・高機能化・機能追加・低価格化を目指すうえでの従業員の仕事は，目的が「製品・サービスのため」であり，「誰か（顧客）のため」にという視点は弱く，またその内容はこれまでの製品・サービスをさらに良いものに，さらに安くするというものであった。一方，顧客に何がしかの「思い」してもらおうと考えたうえでの従業員の仕事は，目的が「誰か（顧客）のため」であり，またその内容は顧客にして欲しい「思い」を考え，その「思い」を新たな製品・サービスという形で具体化するというものとなる。「思い」の具体化に際して従業員は，新しい視点に立ち，さまざまな学習をしながら展開することになる。従業員は，顧客への「思い」をもとに開発・提供する製品・サービスだけに，顧客の反応がこれまでより気になり，それらが受け入れられれ

図表 3-1　「思いの経営」の意味と，それによる利害関係者との関係の変化

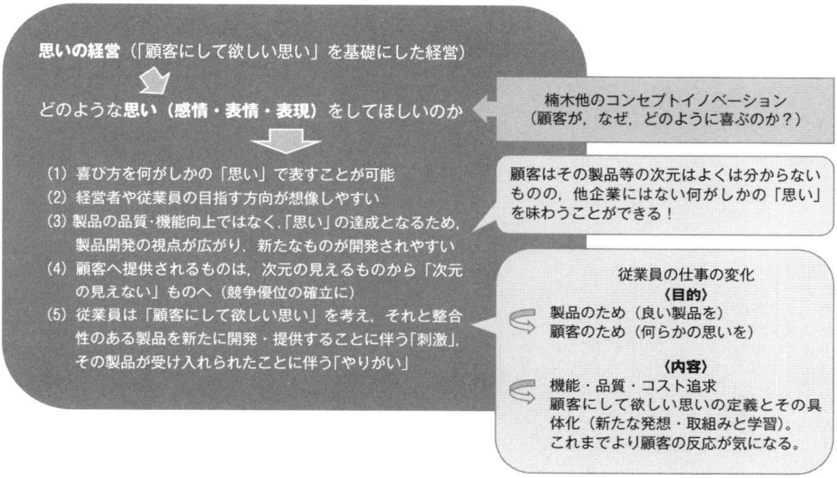

出所：第 1 章の考察および第 2 章の「思いの経営」の枠組みをもとに筆者作成。

ば，意図した「思い」を顧客にしてもらったと理解することになる。このように従業員は，誰かを「思い」，その誰かにして欲しい「思い」を考え，考えた「思い」を新たな視点に立ちながら具体化し，特定した誰かが受け入れてくれることで，仕事に対するやりがいや，生きがいを感じやすくなる。

成熟期にある企業がこれまでの「品質・機能・価格」を基礎にした経営を超え，顧客の奥底にあるインサイトを発見し，それに基づきコンセプトを事業のコアに定め，また，企業の将来像を再定義し，人・組織が一体となってブレイクスルーを起こし，イノベーションの創出へとつなげていく経営が，「顧客にして欲しい思い」を基礎にした経営（思いの経営）である。

成熟期にある企業が「思いの経営」を展開することにより，上述のように企業が向かう方向が明確になるとともに「次元の見えない」イノベーションが創出されやすくなる。またそれにより企業は，顧客に対して存在価値（何がしかの「思い」をしてもらう）や，従業員に対して存在価値（仕事上のやりがいや，生きがい）を示すことができるとともに，ライバルへの持続的な競争優位を確立できるのではないかと考えるのである（**図表3-1**）。

図表 3-2　「思いの経営」によるイノベーション創出の過程・段階

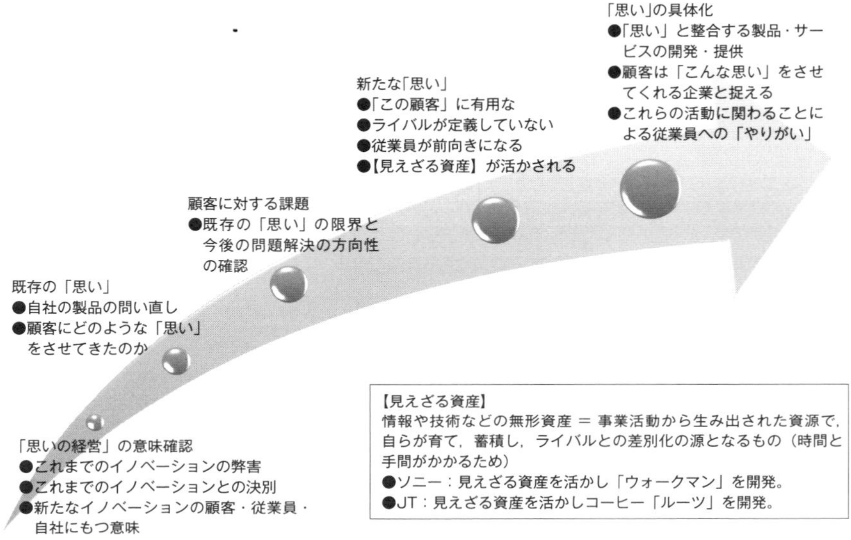

出所：第２章の「思いの経営」の枠組みをもとに，競争戦略上のポイントとなる「見えざる資産」を補足し，筆者作成。

2．「思いの経営」によるイノベーション創出の段階およびその論理

ここで理論的考察および事例的考察（ローソン，スターバックス等）のうえに立って，成熟期にある企業が「次元の見えない」イノベーションを創出するための過程・段階を考えることにする。第１段階として，上記のような「思いの経営」を展開することの意味・効果を，経営者と従業員の間で確認することが必要となる（**図表3-2**）。ここでは，①これまでの「次元の見える」イノベーションが自社にどのような弊害をもたらしてきたのか，②今後，企業としてこのようなイノベーションと決別するという方針で進むこと，③「思いの経営」の概要と，その経営によるイノベーションが顧客，従業員，自社に対してもつ具体的な意味，④「思いの経営」によるイノベーションのこれ以降（第２～第５段階）の過程・段階，などについて確認し，これにより，経営者のみならず従業員が前向き・積極的に動くことができる状況をつくる

必要がある。

このような意味確認により企業全体が前向き・積極的な姿勢となった後に，第2段階として，自社を「思い」の視点から問い直すことが必要となる。ここでは，自社ではこれまで提供した製品・サービスにおいて顧客にどのような「思い」をさせてきたのかという形で，顧客がしている「既存の思い」を明確にすることになる。

この「既存の思い」を明らかにする中で，自社のこれまでの事業（製品・サービス）は顧客にどのような意味があったのかを理解するとともに，第3段階として，既存の「思い」の限界や顧客に対する課題を明確にすることが必要となる。

これらの顧客に対する課題を解決するために，第4段階では，顧客にして欲しい「新たな思い」を定義することが必要となる。この「思い」は，1）この顧客に有用なもの，2）ライバルが定義していないもの，3）従業員が触発され，積極的に動くことができるもの，であり，また，伊丹（2012）が競争戦略上重要と主張するような，4）自社の「見えざる資産」（事業活動から生み出された資源で，自らが育て，蓄積し，ライバルとの差別化の源泉となる情報や技術など）が活かされるものである必要がある。この「思い」がその企業にとっての経営戦略となる。この「見えざる資産」に関連した事例としては，ソニーでは，見えざる資産は小型・軽量の追求で培ってきた「自由に持ち運ぶことができる技術」であり，それを活かし，「ウォークマン」を開発している。またJTでは，見えざる資産はタバコの開発・提供で培ってきた「ホッとさせ，気分転換させることに関する技術」であり，それを活かしコーヒー「ルーツ」を開発している。これらの例が果たしてきた社会的な存在感を考えると，「思い」の策定においては，このような自社独自の資源を活かしていくことが重要となる。

さらに第5段階では，この「思い」を具体化することが必要となる。つまり「思い」と整合性のある多種多様な価値を組み合わせ製品・サービスを開発し，顧客に提供することになる。それにより顧客は，企業から提供される製品・サービスの価値次元は見えないものの，この企業は「こんな思い」をさせてくれるところと捉えるようになる。顧客は「こんな思い」をさせてくれる企業に信頼をよせ，また，「こんな思い」はその企業独自のものであるためライバルとの違いとなる。さらに，この一連の活動に関わり，顧客に「こんな思い」をさせることができた従業員は，仕事に対してやりがいを持つことになる。

このような「思いの経営」の枠組みや，この枠組みによるイノベーション創出の過程・段階を踏まえ，これ以降では，実際の企業においてどのようなイノベーションが創出されうるのかを試論することにする。ここでは，これまで「次元の見える」イノベーションを展開してきた代表的な業界である「ビール業界」に焦点を当て，「第３のビール」（ビール風アルコール飲料）など新たな概念が生まれながらも2000年代はじめから現在に至るまで熾烈な競争が展開されている同業界の状況や動向を確認（当時の製品開発競争を可能な限り補足）しつつ，同業界で苦戦する企業が「思いの経営」によりイノベーションの方向性や内容がどのように変化しうるかについて考察する。

第４節 「思いの経営」をもとにしたイノベーション：ビール業界のある企業での一試論

1．ビール業界とそこでの「価値次元の見える」イノベーション

ビール業界の代表的な企業として，シェア順に，①アサヒビール（以下，アサヒ），②キリンビール（以下，キリン），③サントリー，④サッポロビール（以下，サッポロ）を挙げることができる。同業界はアサヒ，キリンは最大手（両社ともに35％程を堅持），サントリー，サッポロは大手（サントリーは10％台後半，サッポロは10％台前半）と位置づけられ，構造化している。このように最大手２社が拮抗し，大手２社が拮抗し，最大手と大手の差が20％程度と大きな開きになっている。また，もともと業界４位でシェア10％程度であったサントリーは，プレミアムビール「ザ・プレミアム・モルツ」の躍進などがあり2006年からシェアを徐々に上げ，08年にサッポロを抜いて業界３位となっている。

ビール業界の製品領域としては，価格が高いものから「プレミアムビー

ル」[4]（素材・製法にこだわった高品質・高価格ビール），「ビール」[5]（麦芽，ホップ，水，雑穀を原料として発酵させたアルコール飲料），「発泡酒」[6]（ビールより麦芽の使用比率を低くしたアルコール飲料），「第３のビール」[7]（主原料を麦芽やホップなどに限定しないビール風アルコール飲料），などに区分される。

このように大手企業４社により，さまざまな領域で，多種多様な製品が開発・提供されている。同業界のこれまでの価値次元としては主に，「原材料・素材の良さ」（麦芽，ホップ，水），「鮮度の良さ」，「香りの良さ」（上品な，深みのある），「味の良さ」（苦味，コク）などが挙げられ，次の段階では，「口当たりの良さ」（なめらか，まろやか），「のどごしの良さ」（すっきり，さっぱり）などが，さらに次の段階では，「健康」（糖質，カロリー低減）などが挙げられ，顧客に向けてそれらを訴求してきた（**図表3-3**）。また，これまでのビールにかかる商品開発の流れや，そこでの価値について見てみると，キリン「ラガー」に代表される「苦み」，「コク」のあるビールから始動し，アサヒ「スーパードライ」に代表される「辛口」，「鮮度」を打ち出したビール，キリン「淡麗生」に代表されるカロリー，プリン体，糖質を低減し「健康」を強調する発泡酒，キリン「のどごし生」に代表される「のどごし」の良さを主張する第３のビール，サントリー「オールフリー」に代表されるアルコール度数をゼロにしビールそのものの課題を解消するアルコールフリー飲料などが順に生まれてきた。

これらの価値次元を基礎にしたイノベーションや競争の結果として，上述の業界構造となってきたわけであるが，最大手のアサヒとキリンが，先駆けて新領域や新商品を開発してきたかと言えば必ずしもそうではなく，むしろ「プレミアムビール」や「第３のビール」といった領域をはじめて展開したのは，業界４位のサッポロである。

業界の下位企業がより積極的にイノベーションを展開しているにもかかわらず，このようなシェア構造となっているのは，１位・２位と，３位・４位とのコンセプトの違いによるところが大きいと考えられる。業界１位のアサヒは，「すべてはお客さまの『うまい』のために」をコンセプトとし，顧客がビールにおいて「うまい」と感じるうえで重要となる「鮮度」や「味」（コク，辛口），「のどごし」（キレ）を意識した製品を開発している。また，

図表 3-3　ビール業界のイノベーションにおける「価値次元」

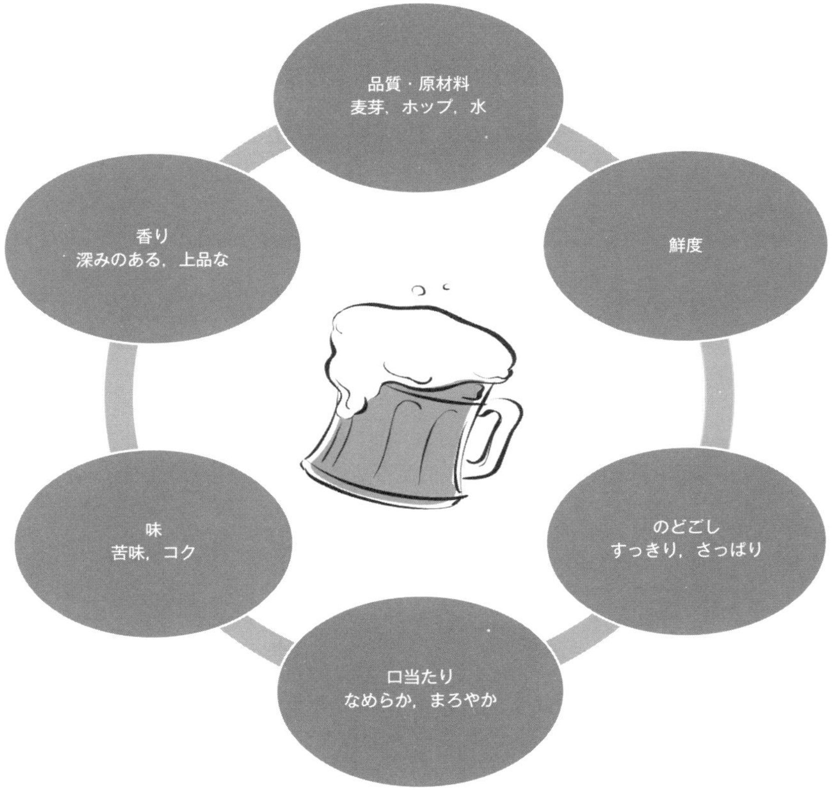

出所：ビール業界のイノベーションにおける価値次元を筆者なりに整理。

業界2位のキリンは「おいしさを笑顔に」をコンセプトとし，顧客がビールにおいて「おいしい」と感じるうえで重要となる「香り」，「味」（苦味），「口当たり」，「のどごし」や製法（搾り方など）にこだわった製品を開発している。

一方，業界3位のサントリーは，「水と生きる」をコンセプトとし，「品質・原材料」（天然水，麦芽，ホップ）や「香り」（アロマ）にこだわった製品を開発している。また同様に，業界4位のサッポロは，「品質は畑から」をコンセプトとし，「品質・原材料」（麦芽やホップ），「鮮度」にこだわった製品を開発している。

このように，最大手２社は「顧客にして欲しい表現や表情」をコンセプトとして定義し，顧客を基礎にしているのに対し，大手２社は「品質・原材料の良さ」をコンセプトとして定義し，製品そのものを基礎にしている。つまり，「顧客にして欲しい思い」を顧客に向けて訴求している企業（ただし，「思い」とは言っても「うまい」，「おいしい」という性能を評価した表現ではあるものの）が，「ビールそのものの良さ」を顧客に向けて訴求している企業より，高いシェアを確保している状況にある。

2．「目に見える価値次元」で競争している企業とそこでの主要課題：サッポロビール

ビールそのものの品質・鮮度の良さ，麦芽・ホップなどの原材料・素材の良さを追求し数々のイノベーションを展開してきた企業が，「サッポロ」である。主力製品として，「ヱビス」（明治23年（1890年）に発売し，厳選されたアロマホップによる良質な苦みと長期熟成にこだわったプレミアムビール），「黒ラベル」（協働契約栽培により麦芽・ホップなどの素材にこだわったビール），「ドラフトワン」（同領域の先駆けで，エンドウ豆を主原料にスッキリにこだわった第３のビール）があり，これらの製品概要からも，これまでの同社のこだわりを見ることができる。

このようなこだわりがある一方，これまでのサッポロの取組みを見ると必ずしも成功しているとは言い難く，大手ではありながらも業界の下位の地位にある。同社の懸命な取組みの反面，同社がこの地位となってしまう要因・原因は幾つか分析できそうである。

まず，サッポロのこだわりが顧客に対して伝えきれていないという点である。サッポロがこだわる品質や原材料については，幾つかの消費者アンケートからも明らかなように，顧客は，「品質・原材料の良さは当たり前であり，それを訴えられても…」と捉えている。「うまい」，「おいしい」をコンセプトにおいて強調する最大手の「アサヒ」，「キリン」は，顧客がそのように表現するためには，品質・原材料へのこだわりは基本であり，それらの表現を

してもらうことを「目的」とし，その目的を達成する1つの「手段」として品質・原材料の良さを位置付けている。つまり，それらの表現をしてもらう「目的」達成のためには，品質・原材料の良さだけではなく，味，口当たり，のどごしなど，さまざまな「手段」が考えられるという意味では，サッポロのこれまでのこだわりが十分ではなく，顧客に訴える価値の見直しが必要となる。

また，サッポロは上述のように，「プレミアムビール」（エビス），「第3のビール」（ドラフトワン）といった新たなビール領域を先駆けて展開してきたものの，これらは長期にわたって確固たる地位を保っているわけではない。発売当初はそれぞれの領域でトップの地位を獲得していたにもかかわらず，その地位を他社製品に譲り渡している。プレミアムビールの領域では，2003年に発売されたサントリー「ザ・プレミアム・モルツ」(8)が05年のモンドセレクション最高金賞を受賞したことや各種の販売促進活動(9)により販売数を伸ばし，07年に「エビス」より販売数を上回っている。このような動きに対してサッポロは，さまざまな色（白，緑，黒）や味わいのエビスで対抗しようとするが，立場復活はできておらず，08年にこれまで堅持してきた業界3位の地位をもサントリーに明け渡している。また第3のビールの領域では，04年に発売した「ドラフトワン」（エンドウタンパクを利用し，スッキリ感を強調した製品）において先行の利を得たが，翌05年に「のどごし生」（大豆タンパクを利用し，のどごしを強調した製品）を擁するキリンが同領域に参入し，猛追を許し，逆転されている。

さらに，これに関連し顧客のサッポロに対する認識は，以下のような状況にあると整理できる（**図表3-4**）。まず，「ビールの会社と言えば」質問に，あまり同社の名前は登場しない。つまり，ビール会社として挙がる会社は，「アサヒ」，「キリン」が主な回答となってしまう。また，「ビールの商品と言えば」の質問に，あまり同社の商品は登場しない。つまり，「ビールと言えば」の質問には，「スーパードライ」，「ラガー」，「一番搾り」などが主な回答となってしまう。さらに，「サッポロと言えばこれ」という商品が思いつきづらい。つまり，「キリンと言えば」の質問に，「ラガー」，「一番搾り」などが，「アサヒと言えば」の質問に，「スーパードライ」があがるのに対して，

図表 3-4　サッポロビールに対する顧客の認識は

(1)「ビールの会社と言えば」質問に，同社は登場しない
　(例) ビール会社は…，「アサヒ」「キリン」
(2)「ビールの商品と言えば」質問に，同社の商品は登場しない
　(例) ビールと言えば…，スーパードライ，ラガー
(3)「サッポロと言えばこれ」という商品が思いつかない
　(例) キリン→ラガー，一番搾り
　　アサヒ→スーパードライ
　　サッポロ→？
(4) 商品を見てもサッポロというイメージがわかない
　(例) ドラフトワン（第 3 のビール）→ サッポロ？
　　エビス（高級ビール）→ サッポロ？

⇩

顧客が，**自分にとって有り難い〇〇〇の理由でサッポロのこの商品を飲みたい**
というものを生み出すことが重要！

出所：各社のウェブページなど発信データ，および消費者アンケートをもとに筆者作成。

「サッポロと言えば」の質問には愛飲者以外は「……」となってしまう。そして，商品を見てもサッポロというイメージがわきづらい。つまり，「ドラフトワン」（第3のビール）と言われて，「サッポロ」をイメージしたり，「エビス」（高級ビール）と言われて，「サッポロ」をイメージする人は多いとは言えない状況にある。これらを踏まえれば，顧客が「自分にとって有り難い〇〇の理由でサッポロのこの商品を飲みたい」というものを生み出すことが重要となる。

3.「思いの経営」を基礎にしたサッポロビールのイノベーション

このようにサッポロの主要な課題として，1）品質・原材料にこだわり，それが顧客には必ずしも伝わっていない，2）新しいジャンルの開発など新たな取組みはあるものの，それらは確固たる地位を保つことができていない，3）顧客に対して「サッポロと言えばコレ」，「ビールと言えばコレ」という製品を必ずしも示すことができていない，などが挙げられる（**図表3-5**）。

サッポロにおいてはイノベーションが創出されていなかったわけではなく，品質・原材料にこだわり，新しい領域を開発するといったイノベーションは創出されてきた。ただ，このような取組みが必ずしも長期にわたって顧客に

受け入れられていないのは，これまでのイノベーションが，品質や原材料の追求といった「次元の見える」イノベーションであったためであり，これが顧客に響かなくなってしまったためと考えられる。品質等の面で十分に満足できる水準となり，各社が各領域で多種多様な製品を連続的に提供する状況において，顧客は，ビールの品質や原材料という「ビールそのものの良さ」という視点ではなく，「このビールは自分（顧客）をどのようにしてくれる」という「思い」の視点から購入していると考えることができる。つまり，顧客がビールを飲む時には，何がしかの「目的」があり，品質・原材料の良さは，その目的を達成する１つの手段（要因）でしかない。かくして，このような状況において企業は，品質・原材料の良さという「製品そのものの良さ」という視点（企業が製品を良くすれば顧客は買ってくれるだろうという，企業の視点）ではなく，顧客をどのようにしたいのかという「顧客にして欲しい思い」という視点（企業が顧客にして欲しい感情・表情・表現を考えそれを実現しようという，顧客の視点）に転換していくことが極めて重要となる。この「顧客にして欲しい思い」は，「企業」が考えるものであるが，価値判断の主体はあくまで「顧客」である。このような「思い」，つまり顧客がビールを飲む「目的」の違いが，各社の違いとなるため，企業はこの「思い」を定義し，その「思い」を具体化することにより，「次元の見えない」イノベーションを生み出すことができるようになる。

これまで述べてきたサッポロについて，「思いの経営」を基礎にした「次元の見えない」イノベーションの創出について試論すれば，以下のようにまとめることができる。

第１段階として，「思いの経営」を展開することの意味や効果を企業全体（経営者と従業員の間）で確認することである。まず，これまでの品質・原材料の追求といった「次元の見える」イノベーションがサッポロにいかなる課題や弊害をもたらしたのかを確認する。これまでの主たる課題を整理した**図表3-5**からは，これまでのイノベーションが必ずしも顧客には受け入れられておらず，自社のイノベーションはこれまでと異なる（次元の見えない）方向に向かわなければならないことが明らかとなる。

また，これまでのイノベーションの確認後，これまでのイノベーションと

図表 3-5 サッポロビールにおける「価値次元の見える」イノベーションとそこから導き出される主要な課題

状況と主たる課題	具体的な事象
1) 品質・原材料にこだわり，それが顧客には必ずしも伝わっていない	●品質・原材料に対する顧客の視点 :「品質・原材料の良さは当たり前であり，今それを訴えられても…」 ●アサヒやキリンの取組み うまい，おいしいという表現をしてもらう「目的」達成のために，品質・原材料の良さだけではなく，味，口当たり，のどごしなどさまざまな「手段」を駆使
2) 新しいジャンルの開発など新たな取組みはするものの，それらは確固たる地位を必ずしも保つことができていない	●プレミアムビール（ヱビス）について :モンドセレクションで最高金賞をとり，各種の販売促進活動を展開する「ザ・プレミアム・モルツ」に追い抜かれる ●第３のビール（ドラフトワン）について :大豆タンパクを利用し，のどごしを強調した「のどごし生」に猛追を許し，逆転される
3) 顧客は「サッポロと言えばコレ」が思い浮かばない。「ビールと言えばコレ」の中にサッポロの商品が思い浮かばない	●「サッポロ」で顧客が想起できる商品 :サッポロの愛飲者以外は，商品があまり出てこない。黒ラベル，ドラフトワンは聞いたことはあるが，どこの商品か分からない人も多い ●「ビールと言えば」で顧客が想起する商品 :スーパードライ，ラガー，一番搾りなどサッポロ以外の商品

出所：本章の考察をもとに筆者作成。

は決別することを確認する。つまり，これまでのイノベーションから脱したいと考えても，「可視性の罠」に嵌り，サッポロではこれまでと同様に品質と原材料のみの追求といったイノベーションをしたがる傾向があるため，これ以降，サッポロがこのようなイノベーションと決別することを経営者と従業員の間で確認し，経営者が全従業員に向けて宣言することが必要となる。

さらに，「思いの経営」とはどういったもので，「思いの経営」によるイノベーションが顧客，従業員，自社に対してどのような意味をもつのかについて確認する。「次元の見える」イノベーションでは課題が多いことを認識し，「次元の見えない」ものという新しい方向に向おうと考えても，このイノベーションはサッポロの経営者や従業員にとってなじみがなく，「見えない」ものであるため，それを「見える」ようにする必要がある。「次元の見えない」イノベーションは，顧客が「何がしかの製品により，何がしかの『思い』（感情・表情・表現）をすることができる」イノベーションであり，これまでのような「製品を良くする」イノベーションではない。つまりサッポロは，「思いの経営」によるイノベーションにより，顧客にして欲しい何がしかの「思い」を定義し，その「思い」ができるような何らかの製品を開発することになる。したがって，経営者や従業員は，これまでの展開を大切にしながらも，顧客を特定しそれらを「思い」，飲むという行為に際してその顧客にして欲しい「思い」を定義し，その「思い」を実現するための新たな製品を開発し，顧客に提供することになる。これらの活動により，顧客は何がしかの「思い」をすることができ，これにより顧客はサッポロに信頼を寄せることになる。この「思い」はサッポロ独自のものであるため，ライバルとの明確な違いとなる。また従業員は，これらの活動に関わり，顧客が受け入れてくれているという事実や顧客に「思い」が伝わったという事実を理解し，仕事上のやりがいや生きがいを得ることになる。

そして，「思いの経営」の概要と，利害関係者に対してもつ具体的な意味・効果について理解の後，「思いの経営」によるイノベーションを実践する過程・段階〈「既存の思い」の明確化 →「既存の思い」の限界や，問題解決の方向性の確認 →「新たな思い」の定義 →「新たな思い」をする製品の開発〉を確認することになる。

このような意味確認により企業全体が，「思いの経営」によりイノベーションを創出していくことに対して積極的になった後に，第２段階として，「既存の思い」を明確にすることになる。つまり，サッポロはこれまで品質・原材料にこだわり，顧客には，「安心かつ高品質かつ鮮度の良いものを提供してくれる（ところ）」という思いをさせていたことが明らかとなる。

しかし，顧客は，ビールの品質等において十分に満足できる水準となり，しかも各社が各領域で多種多様な製品を連続的に提供する状況において，「ビールそのものの良さ」を訴えられても響かなくなっている。そこで第３段階として，このような「既存の思い」の限界と，「ビールそのものの良さ」にこだわるのではない，今後の問題解決の方向性を確認することになる。つまり，ビールを飲むという行為には何がしかの目的があり，何がしかの「思い」がある。したがって，人がビールをなぜ飲むのかということを問うことにより，さまざまな「思い」が導き出される。具体的にこの「思い」としては，気持ちいい，心地良いなどの「感情」，笑顔などの「表情」，うまい，おいしいなどの「表現」などが考えられる。このように，顧客にどのような「思い」に至ってほしいのかを定義することにより，その「思い」をするための製品というものを開発することになり，このような方法で開発された製品は，これまでのような品質・原材料を追求して開発された製品とは大きく異なることになる。

今後の問題解決の方向性として，ビールを飲むことで至ってほしい「思い」の視点から考えようという気持ちが醸成されると，第4段階として，顧客にして欲しい「新たな思い」を定義することになる。

この「思い」は，顧客がビールを飲むうえで有用なもので，ビールを飲む目的となるもの（顧客がビールを飲むことにより至る感情・表情・表現）である必要がある。

また，この「思い」は，アサヒやキリンなどのライバルが表現していないものである必要がある。ライバルは，「表現」や「表情」で「思い」を定義しているため（先に述べたように，アサヒやキリンは「うまい」，「おいしい」という性能を評価した程度の「表現」），サッポロではそれと一線を画す意味で「感情」（気持ちいい，心地いい等）で「思い」を定義することが例として考えられる。

さらに，この「思い」は，サッポロの従業員が触発され，積極的に動くことができるものである必要がある。品質や原材料の追求は従業員の目標としやすかったが，従業員がその仕事におもしろみを感じていたり，前向きに動いているとは必ずしも言い難い。また，品質や原材料を追求することが顧客に響いていれば，やりがいも得られるところであるが，今やその視点では顧客の気持ちを動かすことはできず，自身の仕事上の意味も十分とは言えない。したがって，この顧客への「新たな思い」は，顧客に響くものであるとともに，従業員がこれまでの品質や原材料のみではなく，品質・原材料以外にもこれまで体験したことのないさまざまな手段を講じることにより至ることのできる「思い」を定義していくことが必要となる。これにより従業員は，これまで体験したことのない仕事による刺激や，顧客に新たな思いをしてもらうことによるやりがいを得られることになる。

そして，この「思い」は，サッポロのこれまでの品質などへのこだわりや，培われてきた「見えざる資産」が活きるものである必要がある。これまでの取組みにより蓄積された資産を無視するのではなく，これまでを活かし，コンセンサスの得られるギリギリの方向で考えていくことにより，新たなイノベーションが生まれてくるようになる。このような幾つかの要件を踏まえれば，「新たな思い」として，例えば，「上質な気持ち良さを」[10]等が定義できるであろう。

そして最後の第5段階では，「新たな思い」と整合性のある製品を開発することになる。サッポロは，これまでのプレミアムビール，ビール，発泡酒，第3のビールといった，すべての領域で，品質・原材料や鮮度の良さを追求してきた。今後においては，それぞれの領域ごとに，「品質・原材料」や「鮮度」の良さに加えて，「香り」，「味」，「口当たり」，「のどごし」，などのさまざまな手段を，「顧客にして欲しい思い」に即した形で組合せ，新たな製品を開発することになる。上に挙げたような「上質な気持ちよさ」は，顧客が「ビールを飲んだ後」に思う感情・気持ちであり，これまでのビール開発においてはない視点となる。顧客にこのような思いをしてもらうためには，「品質・原材料の良さ」や「鮮度の良さ」といったこれまでサッポロが重要と考えてきた価値次元だけでは十分とは言えない。つまり，これらは顧客が「ビールを飲む前」に重要と考える価値次元に過ぎず，企業が顧客に「良いビール」を提供するというものでしかない。また，顧客にこのような思いをしてもらうためには，「香り」，「味」，「口当たり」，「のどごし」といったこれまでアサヒやキリンが重要と考えてきた価値次元だけでも十分とは言えない。つまりこれは，顧客が「ビールを飲む際」に重要と考える価値次元に過ぎず，企業が顧客に「うまい，おいしいビール」を提供するというものでしかない。

このようにこれまでのビール業界では，飲む前のことのみ（良いビールの追求），飲む際のことのみ（おいしいビールの追求）に限定して捉え，顧客に訴求する傾向にあったが，飲んだ後に「こういう感情・気持ちなってもらいたい」という「飲んだ後」の視点で捉えることによって，顧客の「飲む前の価値」と顧客の「飲む際の価値」とを統合しながらビールを開発することができるようになり，これまでと異なる製品が生まれる可能性が出てくる。つ

図表 3-6 サッポロビールにおける「思いの経営」によるイノベーションの一試論

「思いの経営」の意味確認	既存の「思い」	顧客に対する課題	新たな「思い」：飲むことにより至る感情等を定義	「思い」の具体化：思いの実感，差別化，従業員のやりがい
●これまでの品質・原材料を追求するイノベーションは顧客にあまり受け入れられていない ●品質や原材料を追求するイノベーションから決別する ●飲むうえで顧客が従来にない思いができる。この思いが他社との違いになる。従業員は品質や原材料のみならず，思いの実現のために新たな視点に立ち製品を開発し，それを受け入れてもらうことによりやりがいをえる	●品質・原材料にこだわった製品 ●「安心かつ高品質かつ鮮度のよいものを提供してくれるところ」という思い	●顧客は，ビールの品質等において十分に満足できる水準となり，「ビールそのものの良さ」を訴えられても響かなくなっているため，「ビールそのものの良さ」にこだわるのではない，今後の問題解決の方向性を確認 →「人がビールをなぜ飲むのか」「顧客にどのような思いに至ってほしいのか」を考える	●顧客が飲むうえで有用なもの（ビールを飲む目的となるもの） ●アサヒ，キリン等が定義していないもの ●従業員が顧客に十分に響いていない品質・素材の追求のみではなく，従来体験したことのない手段を講じながら至ることができるもの →体験したことのない仕事による刺激や，顧客に新たな思いをしてもらうことによるやりがい ●品質や素材の良さ，プレミアムで培ってきた技術等が活かされるもの ⇒（例）「飲んだ後」ことを考えて，「上質な気持ち良さを」	●「飲む前の価値(良いもの)」，「飲む際の価値（おいしいもの）」，「飲んだ後の価値（……）」を統合して開発 →「良い価値次元」である品質・原材料（良質な麦芽，ホップ，水），鮮度（徹底した鮮度管理），＋「おいしい価値次元」である香り（上品な，深みのある），味（苦味，コク），口当たり（なめらか，まろやか），のどごし（さっぱり），＋「新たな価値次元」（例：体全体に何かがしみわたるような，体全体が潤うような感覚）＞を最適に統合しながら商品を開発 ●顧客が「飲んだ後」にこれまでにない思いに至り，この思いがライバルとの違いとなる ●従業員は新たな仕事を体験し，顧客が新たな思いに至っていることを実感し，やりがいをえる

出所：本章の考察をもとに筆者が試論。

まり，飲んだ後の思い（感情・気持ち）を考えることによって，価値次元の「品質・原材料」，「鮮度」のみや，「香り」，「味」，「口当たり」，「のどごし」のみという形ではなく，想定する思いをしてもらううえで有効となる価値次元〈「良い価値次元」である品質・原材料（良質な麦芽，ホップ，水），鮮度（徹底した鮮度管理）と，「おいしい価値次元」である香り（上品な，深みのある），味（苦味，コク），口当たり（なめらか，まろやか），のどごし（さっぱり），＋「新たな価値次元」（例：体全体に何かがしみわたるような，体全体が潤うような感覚）〉を最適に統合しながらそれぞれのビールを開発していくこととなる。このような視点でビールを開発することにより顧客は，これまで「品質が良い」,「鮮度が良い」,「のどごしが良い」と評価（「価値次元の見える」評価）していたものが，価値次元が幾つもあり，それぞれについて良くは分からないが,「こういった思い（感情・気持ち）ができる」という評価（「価値次元の見えない」評価）をするようになる。顧客が，このビールを飲みたい，またこのビールを飲みたいと思うためには，顧客が飲んだ後にどのような思いになるのかという，これまでにない新たな着想に立ち，ビールを開発していくことが極めて重要となる。

このような視点で開発された製品により，顧客はこれまでにない「新たな思い」をすることができるようになる(11)。またこの「新たな思い」がサッポロの独自性となり，ライバルとの違いとなる。さらに従業員は，これまでの仕事にはない新たな仕事を遂行し，それらが顧客に受け入れられ，顧客が「新たな思い」に至っていることを実感し，仕事上のやりがいを得ることになる

「思いの経営」を基礎にしたイノベーションの創出について**図表3-2**の段階を意識しながら要点をまとめれば，**図表3-6**のように整理できる。

第5節　結びにかえて

「価値次元の見えない」イノベーション論は，コモディティ化から脱出し，そこから逃れようとする企業に対して重要な示唆を与えてくれるが，その一方，企業が実際にこのようなイノベーションを創出するためには上述のように幾つかの課題が導出される。ここでの課題は，企業が単に「次元の見えない」イノベーションというものを理解し，生み出すということにとどまらず，このようなイノベーションを継続的に創出することであると言えよう。第2章で論述したスターバックスの事例からも明らかであるように,「次元の見えない」イノベーションを創出した後に，このようなイノベーションを「継続的」に創出するということも極めて重要な課題となる。

このような理論上の課題を克服すべく，本章では「顧客にして欲しい『思い』（感情，表情，表現）」を基礎にした経営について具体的に提起し，成熟

期にあり，大きな競争環境下にあるビール業界「サッポロビール」において，この「思いの経営」によるイノベーションについて考察し検証した。これらの考察からも分かるように，「思いの経営」により「次元の見えない」イノベーションの意味や内容が以前よりは経営者や従業員にとって「見える」ようになり，結果として，顧客に何がしかの「思い」をしてもらったり，この「思い」がライバルとの違いとなったり，さらにはこの「思い」の醸成に関わった従業員のやりがいや生きがいにもつながりうることになる。

このような「思いの経営」により，例えばビールメーカーでは，これまでの物差し（素材，品質，鮮度，香り，のどごし，口当たり）の追求から，思い（例：飲んだ後に，潤いや気持ち良さを味わうことができる）を定義し具体化できるようになる。またスーパーでは，これまでの物差し（品揃え，鮮度，買い回り，営業時間，価格）の追求から，思い（例：買い物において宝探しができたり，発見ができる）を定義し具体化できるようになる。さらにアパレルメーカーでは，これまでの物差し（素材，質感，着心地，カラー）の追求から，思い（例：着ることで相手に魅せる・見せることができる）を定義し具体化できるようになる。そしてコーヒーをはじめとする飲食・小売業では，これまでの物差し（豆の素材，品質，コーヒーの香り，口当たり，食べ物と合う）から，思い（第3の場所：ちょっとリラックスする空間を）を定義し具体化し，さらに新たな思い（例：上質なやすらぎを，明日の元気・活力に）を定義し具体化できるようになる。

脱コモディティ化を目指し，新たな視点でのイノベーションが求められる成熟期にある企業においては，企業のイノベーションの目的を「物差しを追求する」から「顧客にして欲しい『思い』を定義しそれを具体化する」という形にシフトし，顧客，ライバル，さらには従業員などに意味のある「次元の見えない」イノベーションを生み出し，また，同様のものを継続的に生み出すことが極めて重要となる。

(1) 本章の調査・研究を進めていくにあたり，サッポロビール株式会社の経営戦略部の方には，さまざまご協力を賜った。特に，岩田義浩氏（当時，同部長），塩谷泰文氏（当時，同部事業戦略グループリーダー），小松克哉氏（同時，同部シニアマネージャー），赤羽尊弘氏（当時，同部マネージャー），鈴木雄一氏（当時，同部課長代理）より貴重なコメントを頂戴した（役職はいずれも当時のもの）。ここに改めて深甚なる感謝を申し上げる。

(2)「思い」は「想い」ではないかと質問をいただくことがある。辞書等からも明らかなように同義として扱われることが多く，筆者としても大きなこだわりがない。字のつくりからも自明であるが，「想い」，「想う」にはこの字だけで「相手」という意味と，「思い」，「思う」という意味が入っており，「想」はとても有難い文字と言えよう。ただ，「顧客（相手）にして欲しい『思い』」という表現では，「思い」のほうがより適切かと思い，この「思い」を使用している。

(3) この「新たな思い」を踏まえた製品・サービスを顧客に投げかけた後にも，自社が想定した「思い」を実際にしてもらっているのかについて顧客へ調査し，思い自体や製品・サービスの開発視点などについても修正していく必要がある。

(4) 当時では，アサヒ「熟撰」（お店が選んだプレミアム），キリン「ブラウマイスター」（職人がつくったものはうまい），サントリー「ザ・プレミアム・モルツ」（モンドセレクション最高金賞のうまさ），サッポロ「ヱビス」（素材と製法にこだわる麦芽100%ビール），などが挙げられた。カッコ内は当時のキャッチコピー。

(5) 当時では，アサヒ「スーパードライ」（鮮麗されたクリアな味，辛口），キリン「ラガービール」（親，子，ひとはつづく），サントリー「モルツ」（まろやかな深いコク，心地良い余韻），サッポロ「黒ラベル」（飲むぞ！繁盛店の生），などが挙げられた。カッコ内は当時のキャッチコピー。

(6) 当時では，アサヒ「本生ドライ」（このコク！このキレ！うまい生！），キリン「淡麗生」（淡麗のおいしさはさらに広がる！），サントリー「ゴールデンドライ」（飲みごたえ全開！），サッポロ「生搾りみがき麦」（大麦をもっとみがいたきれいな味），などが挙げられた。カッコ内は当時のキャッチコピー。

(7) 当時では，アサヒ「クリアアサヒ」（うまみだけ，雑味なし），キリン「のどごし生」（おかげさまで売上 No.1），サントリー「金麦」（いい麦，キラリ），サッポロ「ドラフトワン」（キレ味，あざやか），などが挙げられた。カッコ内は当時のキャッチコピー。

(8) この製品は，1986年に発売した「モルツ」（副原料を一切使用しない麦芽100%ビール）が原型となっている。2001年にこのモルツの品質をより際立たせた「モルツ・スーパープレミアム」へと高級化させ，03年にこのモルツ・スーパープレミアムの中身を一部変え，改名し「ザ・プレミアム・モルツ」を発売している。このように同社の高級化・上質化の製品開発の流れの中で同商品が誕生したと言えよう。

(9) ガイドブックに掲載されている高級店や流行に敏感な消費者のいる人気店へ営

業を仕掛けたり，百貨店のバイヤー・外商社員や売り場の販売員を工場に招待し，できたてビールを試飲してもらうなど。

(10) この「思い」は，あくまで一例である。「上質な」は，サッポロのこだわり（品質，素材の良さ）や贅沢さ（一日頑張った自分へのごほうび）を表している。また「気持ち良さ」は，心地良いのどごし（喉に上質なものがしみわたる気持ち良さ）や気持ち良さを明日の活力にして欲しい，を表している。

(11) 上述のように，「思い」については，企業が考えるものと顧客が実際に受けるものが一致せず，ズレが生ずる場合がある。このようなズレを可能な限り生じさせず，企業からの一方的な価値提案にならないように，思いの経営の展開においては，1）顧客への調査に基づいた「既存（現状）の思い」の解明，2）既存の思いの限界と今後の問題解決の方向性の探求，3）顧客にして欲しい「新たな思い」の定義，4）「新たな思い」を踏まえた製品・サービスの顧客への提供とその後の追跡・調査，5）「思い」や製品・サービスの開発視点の修正，といったPDCAの組み込みが不可欠となる。

第4章 「思いの経営」による競争戦略とイノベーションの創出

競争戦略の転換とそれによりイノベーションを創出するうえで有効か

第１節　本章の問題意識

楠木他（2006，2007）は，スターバックスや森永・ウイダーインゼリー，ソニー・ウォークマン等の事例について，価値を再定義するとともに，可視性を低めていることから「価値次元（以下，次元）の見えない」イノベーションと捉え，成熟期にあるような競争環境下の企業においては，その創出によりライバルとの持続可能な「違い」をつくることの重要性を主張する。また同時に楠木他（2005，2006，2007）は，多くの企業はコモディティ化を克服しようと違いをつくることに努力はするものの，「可視性の罠」に嵌ってしまい，なかなか「次元の見えない」イノベーションを創出できないことも強調する。すなわち，成熟期にある企業は，前章で述べたように，組織内意思決定的【内部組織の圧力】に，競争戦略的【競争の圧力】に，顧客価値的【顧客の圧力】に，製品の品質や機能などの「次元の見える」（可視性の高い）ものを追求するという罠に嵌ってしまい，製品価値が価格に単純化してしまうコモディティ化からなかなか逃れられず，結果として持続的・長期的な競争優位を確立できずにいたと言えよう。

このような重要な指摘がなされてから，一定の時間が過ぎている。「次元の見えない」イノベーションとされるスターバックスなどの事例を参考にしながら，これまでと大きく質の異なるイノベーションの創出を意図しても，どうしても「次元の見える」ものから脱却できず，実際には「次元の見える」イノベーションとなってしまう。こうした問題意識をもち，これまでの章では，この楠木他（2005，2007）のイノベーション論の貢献と課題を明らかにしつつ，この主たる課題である「次元の見えない」イノベーションを創出する論理について考察してきた。具体的には，一度は，同イノベーションを創出したスターバックスのその後の取組みと，同イノベーションを創出したローソンの取組みとを比較分析し，同イノベーションの創出や継続的な創出のための要因について明らかにした。また，成熟期にある企業が同イノベーションを創出するためには，これまでのイノベーションを回顧・反省し，今後のイノベーションの方向性や意味を確認しながら「顧客にして欲しい思い」を基礎にした経営（思いの経営）が重要になることを確認した。

成熟期にある企業の多くは，「次元の見える」イノベーションが問題であることを自覚しても，幾つかの理由で「可視性の罠」に嵌ってしまう癖をもっている。これらの企業がこの罠に嵌らず「次元の見える」イノベーションから脱却するためには，ビール業界「サッポロビール」における論証からも明らかであるように，成熟期にある企業がこれまでのイノベーションを反省したり，今後のイノベーションの意味確認をしたりしながら，「思いの経営」を展開していくことで「次元の見えない」イノベーションを創出することができるようになることを確認した。

ただ，このように企業自らが「思いの経営」の必要性に気づき，これまでにないイノベーションが創出される場合と，他の企業の動きにより「思いの経営」の必要性に気づかされ，このようなイノベーションが創出される場合とが存在するのではないだろうか。企業の多くは幾つかの理由から「可視性の罠」に嵌ってしまうため，自らの気づきのみで「次元の見えない」ものを創出することは難しく，また，自ら気づくことができたとしても，「次元の見えない」ものは創出しづらい。

このような，「可視性の罠」に嵌ってしまいやすい企業，すなわち自覚的にこれまでにない「次元の見えない」イノベーションの創出が難しい企業において，どのようにしたら「次元の見えない」イノベーションを生み出すことができるのだろうか。それを探ることが，本章の主たる目的である。成熟期にある企業の多くは，自らでこれまでのイノベーションのまずさに気づきづらく，この罠に嵌ってしまうことを想定しておく必要がある。果たして，この罠に嵌ってしまう原因は何であろうか。本章では，この主たる原因が「これまでのライバルの分析視点にあるのではないか」という仮説を立て，成熟期にある企業がライバルの分析視点を転換することで，創出されるイノベーションが「次元の見える」ものから「次元の見えない」ものへ変化することを確認し，検証することにする。

すなわち，本章の問題意識は，自らの気づきにより「次元の見えない」イノベーションの創出が難しい成熟期にある企業において，ライバルの動きを分析する視点を大きく変えることにより，「次元の見えない」イノベーションが創出できる可能性があるのではないかという点にある。例えば，成熟期にある企業がライバルの動きを既存の競争戦略的な分析により，自社のイノベーションの方向性を明らかにしようとすれば，品質や機能，価格などの可視性が高い「次元の見える」イノベーションの方向性になってしまうが，ライバルの動きを「思いの経営」を基礎にした競争戦略的な分析により，自社のイノベーションの方向性を明らかにしようとすれば，品質・機能，価格などの可視性が高いものではなく，「この顧客をこうしたい」，「この顧客がこう喜ぶ」という可視性が低い「次元の見えない」イノベーションが生まれうるのではないかと考える。

これらの問題意識をもち本章では，前述のビール業界と同様に成熟期にあり，大きな競争環境下にある「銀行業界」に焦点を当て，業界に大きな影響を与えるとされる新規参入者について「思いの経営」をもとにしない競争戦略（すなわち既存の競争戦略）により分析した場合と，「思いの経営」をもとにした競争戦略により分析した場合とで，業界の既存企業のイノベーションの内容がどのように変化するのかを検討する。かかる検討を通して，これまでのイノベーションのまずさに自らでは気づきづらい成熟期にある企業が，他から気づかされ，「可視性の罠」に嵌らないで「次元の見えない」イノベーションを創出するための視点や論理について考察する。

第2節　これまでのイノベーションのまずさとそれへの気づき：原因は「競争戦略」？

前章では，成熟期にあるビール業界「サッポロビール」に焦点を当てながら，同社自らが顧客へ提供してきた価値やイノベーションの中身についての課題を明らかにし，その課題を反省的に捉えて，これまでにない価値やこれまでにないイノベーションを生むことを想定した場合に，どのようなイノベーションが生まれるかを論証した。例えば，同社が自らのこれまでを自覚的に反省し，「思いの経営」の論理や段階を前提にした場合は，「次元の見えない」イノベーションを創出できうる。より具体的には，素材や品質を重視する同社において，「思いの経営」を基礎にすることにより，「品質の良さはもうこれで十分！」と捉えている顧客に対して，例えば，顧客への「飲んだ後の気持ち」を考え，「次元の見えない」ものを開発・提供できる可能性が生まれてくる。

ただ，成熟期にある企業において，これまでのイノベーションが顧客に対して十分でないと自覚したり，この自覚に基づき経営者と従業員との間で今までにないイノベーションの方向性や意味確認をしていくことができれば，これまでにないイノベーションを自ら展開することになるが，多くの企業において，それらがうまく進むわけではない。このような自覚的に「次元の見えない」イノベーションの創出が難しい企業において，どのようにしたら「次元の見えない」イノベーションを生み出すことができるであろうか。

できれば多くの企業においてこれまでのイノベーションのまずさに自らで気づいて欲しい。これまでのイノベーションでは不十分であり，これまでと異なるイノベーションが必要であると何がしかの理由で気づくことができた企業であれば，これまでのイノベーションの課題を自覚し，これまでのイノベーションから決別することは十分に可能であり，ひいては「可視性の罠」から抜け出し「次元の見えない」イノベーションが生まれうる。ただ，ここで問題となるのは，自らの気づきにより「次元の見えない」イノベーションの創出が難しく「可視性の罠」に嵌ってしまう企業である。

自らの気づきにより「可視性の罠」から抜け出すことが難しい企業においては，どのように各種環境を捉え，どのような戦略をもとにイノベーションを展開していく必要があるのであろうか。

楠木他（2005，2006，2007）は，多くの企業においては，組織内意思決定的（資源の投入・配分を正当化しやすい）に，競争戦略的（ライバルとの明確な違いをつくる方向に流れやすい）に，顧客価値的（イノベーションによるパフォーマンスの向上を認識しやすい）にどうしても可視性の高いものを追求してしまうため「可視性の罠」に嵌りやすいことを主張する。それではどうして，これらの理由から可視性を追求してしまうのだろうか。その原因は，多くの企業において策定されている「競争戦略」によるところが大きいのではないかと考える。つまり，ライバルの動きを既存の競争戦略的な分析により，自社のイノベーションの方向性を明らかにしようとすれば，品質や機能，価格などの可視性が高い「次元の見える」イノベーションの方向性になってしまう。一方，ライバルの動きを「顧客にして欲しい思い」の視点で捉え，その視点をもとにした競争戦略的な分析により，自社のイノベーションの方向性を明らかにしようとすれば，品質・機能などの可視性が高いものではなく，「この顧客をこうしたい」，「この顧客がこう喜ぶ」という可視性が低い「次元の見えない」イノベーションが生まれうるのではないかと考える。

したがって，成熟期にある企業がこれまでのイノベーションのまずさについて自ら気づくことが難しいことを考えると，それら企業がこれまでのイノベーションのまずさについて「他から気づかされる」ようにしておく必要があり，また，このまずさを他から気づかされるためには，企業が策定している既存の競争戦略を見直し，転換することが極めて重要と考える。

以下では，これまでのイノベーションのまずさに自ら気づくことが困難と捉えられる業界に焦点を当てながら考察する。ここでは，2000年前後から「変革期にある」，「大競争期にある」と言われながらも，なかなか「次元の見える」イノベーションから抜け出せないと捉えられる銀行業界に着目し，同業界にある企業が既存の競争戦略の視点で考えた場合のイノベーションと，「顧客にして欲しい思い」をもとにした競争戦略の視点で考えた場合のイノベーションでは，その中身がどのように変化するのかについて分析する。

第３節　競争戦略の視点を変えると成熟期企業のイノベーションがいかに変わるのか：銀行業界での一試論

1990年代後半に日本の金融業界・銀行業界では金融ビッグバンが起こり，各種規制（業務分断，金利，内外市場分断などの規制）が緩和されるとともに，各種技術の発達・進展によりさまざまな状況変化が起きている。特に，金融（Finance）と科学技術（Technology）が融合されて，近年において，FT（Financial Technology）やフィンテックという造語が生まれ，高度な情報技術や情報処理能力，ネットワーク力，各種情報端末をもとにしながら利便性が高い，好条件な製品・サービスが開発・提供されている。例えば，コンピューターが顧客ニーズや市場を分析し，株式や債券においてどのように分散投資すべきかを示唆してくれる「ロボアドバイザー」や，余裕資金を運用したい人と資金を必要とする人をインターネット上で融通する「ソーシャルレンディング」，さらには多機能携帯に取り付けるだけでクレジットカードの情報を読み取り決済ができる小型端末，等である。ただ，これらの事業を展開しているのは，主にベンチャー企業や通販，流通，メーカーなどの金融や銀行とは無関係の異業種の企業である。「お金にかかわる事業は金融業界・銀行業界では？」と想像しそうであるが，実際には，このような企業（金融・銀行とは無関係の企業）が展開しているのである。上記のグローバルな規模でどのような有価証券に分散投資をすべきかについては，これまで銀行が富裕層に対して高額な手数料を徴収して展開してきたプライベートバンキングのサービスであり，これが情報端末で気軽に利用できる状況に到達しているのである。

さて，このような新たな展開が生まれているなか，銀行業界の既存の企業においては，どのような展開をしてきたのであろうか。同業界は，成熟期にあり，大競争下にあると言われて久しいが，同業界の既存の企業はどのようなイノベーションを生み出してきたのであろうか。また，それは「次元の見える」もの，「次元の見えない」ものであったのであろうか。金融ビッグバン以降の既存企業の事業展開を確認しても，残念ながら「次元の見えない」ものが生まれているとは言い難い状況にある。つまり，銀行業界の既存企業は，異業種からの新規参入者が登場しても，これまでのイノベーションの延長戦上で物事を捉え，既存の競争戦略論の文脈でイノベーションを展開していたということが言えるのではないだろうか。

以下では，異業種から新規参入があった当時の状況を可能な限り補足しながら，同業界の「既存企業Ａ社」が競争戦略の視点の違いによりイノベーションの中身がどのように変化するのかについて考察することにする。

1．既存の競争戦略の視点で考えた場合のイノベーション

一般企業から銀行事業へ新規参入した，「セブン‐イレブン」（銀行名「セブン銀行」，2001年５月営業開始，当初はIYバンク銀行），「ソニー」（銀行名「ソ

ニー銀行」，2001年6月営業開始）の2社を取り上げる。この2つの異業種企業が銀行事業に参入できたのは，1）参入規制等の撤廃・緩和（物理的に異業種の参入可能性をもたらす），2）ITの革新・進展（安いコストで金融システムの構築を可能にさせ顧客データベースの収集・処理能力の向上とニーズ分析の適正化・効率化をもたらす）の2つの要因によるところが大きい。つまり，異業種企業はITの進展を受けて情報を活用することで銀行事業参入上の障壁（参入障壁）を低下させ，異業種企業が同業界におけるコスト面・サービス面で優位性を確保することを可能とさせている。かくして，異業種企業は既存銀行（以下，既存企業A社）にとって「新規参入者」（new entrants）となり（ポーター，1980），A社を含む既存企業はそれらの脅威から巧く身を守り業界内での競争力を獲得していくことが不可欠となっている。

異業種企業に銀行業界での優位性や競争力の獲得を可能とさせた主な要因は，「銀行事業遂行におけるビジネス・モデル（戦略）が明確なこと」にある。異業種企業は，銀行事業をネット時代における中核事業として位置付け，対象事業・顧客や目的を明確にし，それぞれが保有する資源（広範なネットワークや数多くの顧客接点，さらには高度な情報技術力）をもとにして，本業で見られる継続的な商品開発や，顧客ニーズ・顧客行動に適合させた戦略的な取組みを展開している。異業種企業は，顧客主導的に，柔軟性と迅速さをもって同事業を展開しているため，必然的に銀行顧客に受入れられ，結果的に競争優位を獲得する可能性を秘めている。また，以上のような異業種の同事業の展開様式・方法は，競争激化による提供製品・サービスの底上げや業界構成諸銀行の適正規模化が図られうるという意味で，銀行業界に大きな枠組みの変化（パラダイム・シフト）をもたらし，同時に，銀行経営における問題点の解決・見直しや横並び体制の解消が図られうるという意味で，既存企業A社の競争戦略を顧客主導型・差別化重視型に変革させるという大きな効果をもたらすことになる。

さて実際に，既存企業A社が，当時の銀行業界への異業種の新規参入事例である「セブン銀行（設立当初，IYバンク銀行）」と「ソニー銀行」について考察すると，その概要や参入の目的等は以下のように整理できる。

セブン銀行の概要は，1）主なチャネルを同グループ店舗内ATMとし，顧客利便性の追求を主たる目的としたコンビニ型銀行。2）個人向け金融に特化し，専ら決済事業に取組むため，決済性預金以外の独自による金融商品は開発しない方針（他金融機関との提携によりATM機能を拡充）。3）同グループの巨大な店舗網を活用し，ATMの時間的制約を排除（原則24時間365日利用可能）することで顧客利便性の向上を実現するとともに，有利な条件での商品提供を図る。4）イトーヨーカ堂，セブン-イレブンのグループ・企業としての高い信用力，顧客ニーズ把握をベースにした商品開発・提供力，高度な顧客情報システム・管理能力，厳格なコスト管理力，それらをもとに銀行事業を展開する，等である。

また，同社の参入の目的や理由は，①流通店舗と銀行の統合や店舗における時間的制約の排除により顧客利便性を向上する。②同グループにおける物販販売促進等のシナジーを実現する。③顧客からの金融商品提供の要望と公共料金代金収納サービスの増加傾向に対して対応する。④非個別（マス）顧客のモノ購買情報の獲得から個別顧客の決済動向情報とモノ購買動向情報の獲得へというように，顧客全体像や潜在的消費余力の把握，効果的な製品・サービス管理，顧客情報管理，等のために銀行事業を通じて決済データを獲得することが必要となる，等である。

一方，ソニー銀行の概要は，1）主なチャネルをインターネットとするネット銀行。2）個人向け金融に特化し，決済事業を中心として円・外貨預金，投資信託，各種個人ローンを取扱うというフルバンク機能を果たす。3）ネット・チャネルにより顧客へのワン・トゥ・ワン・マーケティングや幅広い顧客層への商品提供，顧客提供に対する時間的制約の排除，および顧客への有利な条件での商品提供，等を図る。4）ソニーのグループ・企業としての高い信用力，ブランド力，顧客ニーズ把握をベースにした商品開発・提供力，高度な顧客情報システム・管理能力，厳格なコスト管理力等を活用し，それらをもとにして銀行事業を展開する，等である。

また，同社の参入の目的や理由は，①ネット・チャネルを基本とした時間的制約の排除により顧客利便性を向上する。②本業において従来ネットで取引されてきたハードやソフトとネット決済機能を有する「銀行」とを統合しシナジーを実現する。③時代の先駆者としての使命達成とブランド価値最大

図表 4-1　異業種企業の参入の目的と概要

銀行名	セブン銀行	ソニー銀行
概要	1）チャネル：店舗ATM 2）リテール（個人）へ特化 3）時間的制約の排除と有利な条件での提供を目的 4）さまざまなグループ力・企業力・事業力を活用した銀行事業の展開	1）チャネル：インターネット 2）リテール（個人）へ特化し，フルバンク機能（預金・ローン・投信販売）を持つ 3）時間的制約の排除と有利な条件での提供を目的 4）さまざまなグループ力・企業力・事業力を活用した銀行事業の展開
参入目的・参入理由	①顧客利便性を向上したい ②本業（物販等）とのシナジーを実現したい ③これまで手がけてきた金融サービスへの更なる対応が必要と認識 ④顧客の全体像・消費余力を把握するために決済データが必要と認識 ※決済データ＝商品・サービスの購入状況，公共サービスの利用状況，金融資産（預金・保険・投信）状態など	①顧客利便性を向上したい ②本業（ネットで取引されてきたハードやソフト）とのシナジーを実現したい ③時代の先駆者としての使命を達成する（時代の先を行くという姿勢を堅持） ④これまで手がけてきた金融サービスへの更なる対応が必要と認識 ⑤顧客の全体像・消費余力を把握するために決済データが必要と認識

出所：各社のウェブページ，当時の関連雑誌等をもとに筆者作成。

化を実現する。④従来から取組んできた金融事業（保険，証券，クレジット，リース）に対して中核となる「銀行」事業を加えグループとして顧客に総合的金融サービスを提供する。⑤顧客全体像や潜在的消費余力の把握，効果的な製品・サービス管理と顧客情報管理，等のために銀行事業を通じて決済データを獲得することが必要となる，等である（**図表4-1**）。

既存企業A社がこれら2社の参入理由・目的や事業展開の特徴について，より共通項を意識して分析すると，以下のようにまとめられる。第1に，事業分野が明確であること（セブン銀行，ソニー銀行ともにリテールに特化），第2に，提供するチャネルが明確であること（セブン銀行は店舗のATM，ソニー銀行はインターネット），第3に，顧客に対して時間的制約を排除し好条件で提供すること（セブン銀行，ソニー銀行ともに利便性を高め，金利や手数料を好条件にする），第4に，本業で培ってきた企業力・事業力等を活用し銀行事業を展開すること（セブン銀行は小売で，ソニー銀行は多様なハードウェアやソフトウェアで培った知識・技術・能力を活かす），第5に，顧客の全体像や潜在的な消費余力を把握するために銀行事業を通して決済データの獲得が不可欠であると認識したこと（既存諸事業の補完のみならず，銀行事業と既存諸事業との密接な関わりによる同グループ内のシナジーの達成や，新たな事業機会の創造や顧客ニーズの先取りを図るための手段として位置付ける），などが主なものとなるであろう。

既存企業Ａ社がこれらの状況や情報を踏まえ，既存の競争戦略の視点で考えた場合にどのようなイノベーションになるであろうか。

競争戦略の生みの親とも言えるポーターは，産業の競争状態を規定する（競争の激しさを規定する）諸力として，１）新規参入の脅威，２）代替品の脅威，３）売り手（供給業者）の交渉力，４）買い手（顧客）の交渉力，５）競争業者間の敵対関係といった「５つの競争要因」（five forces framework）を提示し，これら要因に攻撃的・防御的に働きかけることにより独自の価値あるポジションを構築していくことが必要であるとしている（ポーター，1980，1985）。競争戦略上，これら５つの要因は，業界の収益性や業界の魅力を分析するために検討される。つまり，これらの要因がそれぞれどの程度の影響を業界に及ぼしているかを分析することにより業界の平均的な収益性を理解することができるため，この概念・枠組みはさまざまな業界に応用・適用されてきたと言うことができる。各種規制の崩壊や，情報技術・金融技術の進展，顧客ニーズ等の変化により業界の構造変化下にあるわが国の銀行・金融業界においても例外ではなく，既存企業Ａ社は，以上の競争要因が自社を含む既存企業に大きな影響を与えていることを理解することになる。

つまり既存企業Ａ社は，銀行商品にとって代替品となる証券・保険・信託商品の脅威も大きいが，一般企業すなわち異業種からの新規銀行事業参入の例も頻発していることからも「新規参入の脅威」（Treat of new entrants）という面も無視できず，同要因が銀行業界に与えるパワーは徐々に強くなっていることを自覚することになる。

ここで，既存企業Ａ社がポーターの競争戦略をもとに考えようとすれば，「異業種企業（新規参入者）という競争要因を検討し，それに既存企業がうまく対処し独自のポジションを確立することで投資収益を大きくしよう」という流れになる。この２社の事例をもとに異業種企業の経営上の特徴をまとめると，１）ビジネス・モデルと事業分野の絞込み（対象事業，対象顧客，提供

図表 4-2 異業種企業の競争優位に対抗した既存企業 A 社の競争力獲得へ向けての課題

〈異業種企業の特徴と既存企業 A 社に対する競争優位〉	〈左記に関する既存企業 A 社の現状と特徴〉	〈既存企業 A 社の競争力獲得へ向けての課題〉
1）ビジネス・モデルと事業分野の絞込み（対象事業，対象顧客，提供方式）が明確	事業諸分野内での絞込みも一部は見られるが，総合金融機関化を柱とした規模と多角化を主に追及	（ⅰ）対象事業・顧客・提供方式の明確化，（ⅱ）規模と多角化重視経営における課題の解決（規模と範囲の経済性の同時的追及等），（ⅲ）持株会社を活用した金融サービス分野毎の事業の集中・絞込みと他行との差別化の意識の徹底
2）本業における企業力（信用・ブランド力）と事業力（商品開発・提供力，顧客情報システム・管理力，ネットワーク力，厳格なコスト管理力等）を活用した顧客価値創造（志向）的な事業展開	不完全な顧客理解・把握と不明確なコスト概念等に見られる非顧客主導型（銀行主導型）経営	（ⅰ）顧客主導型の事業展開（恒常的な顧客情報の収集・獲得と分析。それに即した商品開発・提供体制の確立），（ⅱ）明確なコスト構造と透明性のあるプライシング体制の確立
3）店舗 ATM チャネルやネット・チャネルを活用した時間的制約の排除，本業と金融による顧客利便性の向上	時間的制約の排除や，異業種企業へ向けてのアプローチ・取組みはあるものの，既存店舗や ATM 以外への傾注は弱く，顧客利便性は高くはない	時間的・場所的な顧客利便性を求めたデリバリー・チャネルの強化・展開と異業種へ向けての積極的アプローチ（ネット・バンキング，インストア・ブランチを中心として）

出所：本章の考察をもとに筆者作成。

方式）が明確なこと，２）本業における企業力（信用・ブランド力）と事業力（商品開発・提供力，顧客情報システム・管理力，ネットワーク力，厳格なコスト管理力等）を活用した顧客価値創造的な事業展開をしていること，３）店舗 ATM チャネルやネット・チャネルを活用した時間的制約の排除，本業と金融の融合による顧客利便性の向上を志向していること，などとなるであろう。それぞれの項目について，既存企業 A 社に対する異業種企業の競争優位，既存企業 A 社の当時の状況および既存企業 A 社の競争戦略については，**図表4-2**のように整理できることになる。

異業種企業の特徴１）～３）は，既存企業 A 社においては浅くしか認識されてなかったし，異業種参入により初めて意識されたものとも言うことができるため，克服すべき課題項目となる。つまり，既存企業 A 社が既存の

図表 4-3 2000年前後の状況を踏まえた時の，既存企業A社における新型デリバリー・チャネルの課題：この当時，多くの銀行が条件の良さや利便性を強化

チャネル	ネット・バンキング	インストア・ブランチ（ISB）
当時の既存企業の現状・実態	概ね24時間体制でのサービス提供や，店舗での取引より有利な手数料・金利の設定により，「顧客利便性の向上」や「事務コスト削減による顧客への還元」等を目指す。サービス内容は金融処理（振込，振替，残高照会，入出金明細）が中心 ⇒ 商品・サービスの提供は消極的	既存店舗と比較して集客力が大きく設置・維持運営コストが低いISBを通じて，「小売・金融併設による顧客利便性の向上」，「小売業に集まる顧客の獲得」，「高コストの既存店舗の削減」の実現を目指す。多くの既存企業にとってISBはコスト削減の手段としての認識が強く「集まる」顧客への対応というように受け身的 ⇒ 積極的な販売拠点ではない
当時，先行していた銀行	三井住友銀行：銀行本体でネット・バンキングを手掛ける一方，ネット専業銀行「ジャパンネットバンク」を設立 ⇒ 店舗や人員を最小限に抑え，主要なチャネルを低コストのインターネットに集中して営業経費を節減し，その成果を既存銀行に比べ高金利・低廉手数料で顧客に提供することを目的	みずほ銀行：ISBの受入れに能動的な企業のショッピングセンターに出店し，当該店舗の営業時間に合わせた金融サービス提供の時間設定をすることで，商品・サービスの購入と金融サービスの利用というワンストップ・ショップ化を実現 ⇒ 時間的制約を排除し，顧客利便性の向上を目的
既存企業への課題	①商品ラインナップの拡充を進め，ネット・バンキングを積極的なセールスの場とする ②異業種企業のバーチャル・モールとの提携関係の強化を図る	①事業戦略から訴求対象顧客を特定し，それらに絞ったISBの設置を図り，それを積極的な（「受け身」から「顧客への働きかけ」への姿勢の転換）販売拠点として位置付ける ②既存店舗とISBとの差異を把握し，特有の営業・就業時間，現場の独立性，実績ベースの評価・報酬体系，顧客データベース，人事採用，等に関わる体制を構築する

出所：銀行業界に新規参入が発生した当時の関連雑誌等をもとに筆者作成。

競争戦略で分析することにより，第1に，事業推進上，既存企業が劣っている点の明確化，第2に，優位にある企業とのギャップを埋め，それに対して優位に立つためのポイントの理解，等が可能となる。これらについては，主にマーケティング諸戦略の革新による顧客ニーズ・顧客行動に適応した商品開発や新型のデリバリー・チャネル（金融機関と顧客の接点）の強化・展開にその解決を求めていくべきとなる。

とりわけ3）のデリバリー・チャネルに関しては，それまでA社を含む既存企業は，法人（特に大手）へ店舗とATMを中心に提供してきた。しかし，上記の内容からも明らかであるように，異業種企業（個人へネットや流通店舗等の新型チャネルを通じて提供）へ対抗する意味でも，また，①個人資

図表 4-4　新規参入者を既存の競争戦略で分析した場合の既存企業 A 社のイノベーション

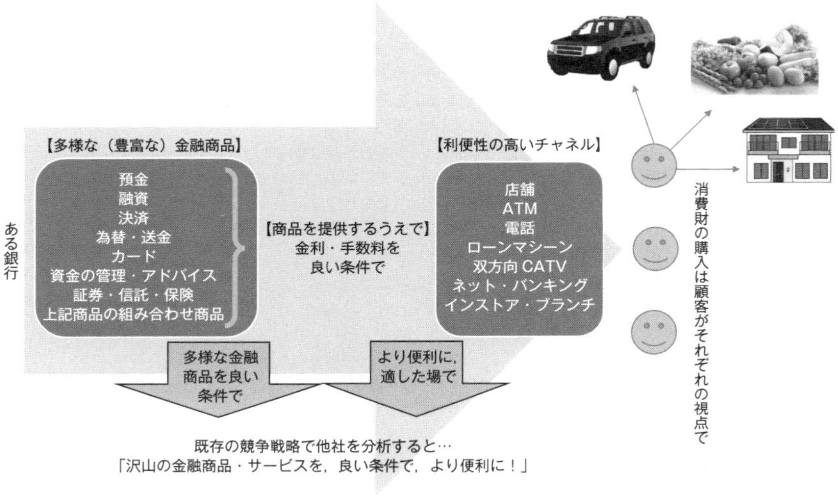

出所：本章の考察をもとに筆者作成。

産の巨大化に伴う事業機会の増加，②個人顧客ニーズ・顧客行動の変化，③企業による直接金融市場の利用への移行，等の以降の金融・経営状況を踏まえれば，それ以降において既存企業 A 社は，リテール・バンキングを重視しそれを顧客主導的に進めると同時に，マルチチャネル化やその強化・展開を図ることが肝要となる。異業種の事業遂行において特筆されるチャネルの展開に対しては，A 社は主に，店舗に代替するネット・チャネルの「ネット・バンキング」や，小売等の店舗内に開設された小型銀行店舗の「インストア・ブランチ（ISB）」を強化・展開することが基本的対応となり，その時の状況やそれ以降の課題を検討しながら，**図表4-3**のように整理することになる。

以上のような形で，異業種企業という新規参入者の戦略や戦術を既存の競争戦略的に分析・学習することで，既存企業 A 社のイノベーション課題が導出されることになる。これらの内容からも明らかであるように，既存の競争戦略で A 社のイノベーションを捉えると，**図表4-4**にあるように，顧客に対して，「多様な金融商品・サービスを（沢山の金融商品・サービスを＝金融商品のOne Stop Shop化），金利・手数料等の条件を良くしながら（良い条件で），顧客の行動特性を踏まえたデリバリー・チャネルで提供する（より便利に，適した場所で提供する）」イノベーションが生まれることになる。ただ，このようなイノベーションが生まれた場合でも，ライバルに対して持続的な競争優位が発揮されるか，また，単に金融（カネ）の文脈で事業を捉えることで顧客の消費財の購入という問題解決に十分に貢献できているのかという課題は残されたままである。

2．「顧客にして欲しい思い」をもとにした競争戦略の視点で考えた場合のイノベーション

異業種企業が，数多くある産業や事業の中で銀行業界や銀行事業・金融事業を選択し新規参入しようしたのは，上述からも明らかであるように，単に銀行事業を展開したかったのではなく，さまざまな戦略的理由がある。たしかに異業種企業は顧客に対して銀行事業を良い条件で，より便利に展開しようとしている。一方で，顧客にどのような使用状況・使用場面でどうなってもらいたいのか（すなわち，「顧客にして欲しい思い」）の視点で分析してみると，異業種企業は銀行事業について，条件や利便性だけを意識して展開するだけではなく，銀行事業と既存諸事業との密接な関わりによる同グループ内のシナジーの達成や，新たな事業機会の創造ならびに顧客ニーズの先取りを図るための手段として位置付けていることが確認できる。

異業種企業は多種多様の「決済データ」を収集し，それらをもとに，顧客の潜在的な消費余力や顧客全体像を把握して，事業機会の創造や顧客ニーズの先取りを行うために，リテール（主に決済）事業を展開している。すなわち，異業種企業はこれまで提供してきたモノ・サービスに「カネ」を加えることにより，「顧客とのモノ・サービスとカネの一連の取引」を実現しようとしている。

したがって，既存企業A社が「思いの経営」の視点で競争戦略を考えようとすれば，「異業種企業（新規参入者）のそもそもの目的・戦略や，異業種

企業（新規参入者）が当該業界をいかに捉えているのかを明らかにし，A社の今後の経営や事業展開上の方向性を導出しよう」という流れになる。つまり，A社が「思いの経営」の視点で新規参入者を分析することで，「新規参入者は，お金は顧客にとってそもそも何で，何のために存在するのかを基礎にしながら経営や事業を進めている」ことにA社は気づき，同時にA社は，今後の方向性として，「顧客に対し，モノ・サービスとカネとを一体的に提供することが経営や事業を進めるうえでの基本になる」と理解するようになる。A社はこれを基本にし，自社なりに「顧客に対してどのような気持ちを味わってもらえればよいのか」を定義し，それに基づいたイノベーションの創出を図っていくことになる。

顧客の消費や購入，すなわち，顧客の消費行動の視点で考えれば，これまでA社を含む既存企業が金融商品・サービスのみを取り扱い，カネの面から自らの事業を捉えることは良かったのであろうか。また，A社を含む既存企業が「沢山の金融商品・サービスを，良い条件で，より便利に提供する」というイノベーションで良かったのであろうか。このように，A社が新規参入者というライバルについての分析視点を「顧客にして欲しい思い」の視点に転換することで，過去の取組みについての回顧・反省をも促すことになる。

既存企業A社が「思いの経営」をもとにした競争戦略で分析することにより，第1に，これまでの事業の捉え直しや価値の再定義の促進（モノ・サービスとカネとを一体的に考える），第2に，捉え直した事業を展開するうえでのポイントの理解（同事業を顧客全体像の把握手段として捉え直し，金融機関のみならず，さまざまな企業とのネットワークの形成により金融情報以外のモノ・サービス情報を積極的に獲得・蓄積・再活用する），等が可能となる。

それまでA社を含む既存企業では，リテール（とりわけ決済）事業を低コストで資金収集をする手段として捉え，構造的に単なるインフラ事業として位置付けてきた。そのために決済情報を顧客の把握・認識の手段としても活用し，それらをもとにした顧客ニーズの先取りまでは十分に取組まれてきたとは言い難かった。また，リテール事業で提供される資金は，モノ・サービスの消費に使用されるものであるが，A社はそれまで，個人に関わる信用・

決済・資金運用の情報を「カネ（金融）」の側面に特化し，その側面から収集してきた。

しかし，異業種企業は「お金は何のために使われるのか」ということを基礎にし，顧客の生活や消費のために使用されるというそもそもから事業を捉え直し，消費財と金融商品を一体化させた銀行事業の展開を重視している。より具体的には，異業種企業は「提供面」が一般企業と銀行とに，「顧客面」が消費財と金融商品とに二分化されていた従来の状況を打開し，消費財ニーズと金融商品ニーズとを同時に満たすべく銀行事業に参入している。

これらの状況を踏まえれば，既存企業A社は，個人の金融ニーズをカネの側面からアプローチするだけでは不十分となり，個人の消費行動にまで遡り，その側面から個人諸ニーズを捉えることが必要となる。それにより，金融商品が企業から提供される「時点（時と場所）」と，顧客が必要とする「時点」とが乖離していたこれまでの状況を解決し，同じ時点での提供を可能にすることが基本的な対応となる。

以上のような形で，異業種企業という新規参入者の戦略や戦術を「顧客にして欲しい思い」をもとにした競争戦略の視点で分析・学習することで，既存企業A社のイノベーション課題が導出されることになる。これまでの章で述べてきた「思いの経営」の枠組みや論理をもとに，顧客に対してその使用状況・使用場面や自社独自の資源の活用など踏まえつつ，「顧客にしてほしい思い」を基礎にしたA社のイノベーションについて検討すれば，例えば，「モノ・サービス・カネを一体的に提供し，『この人にとって最適な買い物により，最高の日常生活を！』」という「顧客にして欲しい思い」の定義が可能となり，A社においては，その思いの実現に向けたイノベーションが生まれることになる（**図表4-5**）。

かくして，既存企業A社は，お金は何のために使われるのかを考え，顧客の問題解決（消費者の行動）というものを基本にして，この問題解決のための金融商品，それに適うチャネルという形でビジネスを設計するとともに，顧客があるモノ・サービスを購入する際に何を大切にし，何にこだわるのかを聴取しながら顧客の最適解を共に考えていくことを目指すことになる。また，既存企業A社は，顧客に対して最適な選択をしてもらうために，消費

図表 4-5 新規参入者を「顧客にして欲しい思い」をもとにした競争戦略で分析した場合の既存企業Ａ社のイノベーション

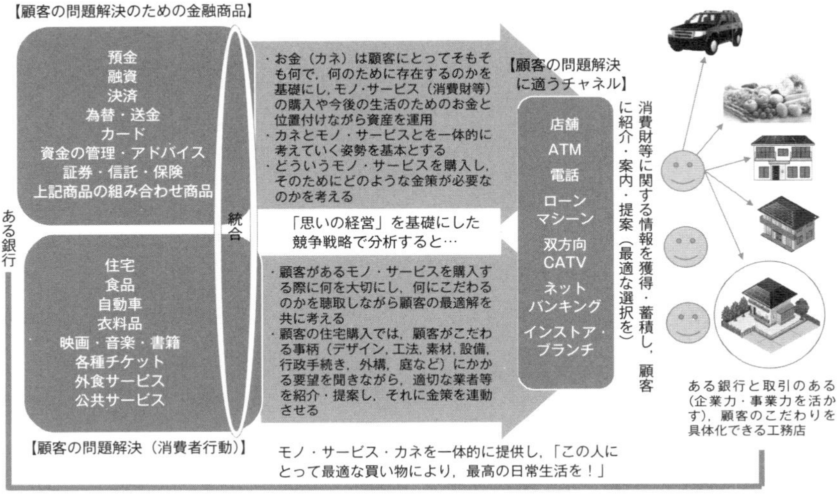

出所：本章の考察をもとに筆者作成。

財に関する各種情報を獲得・蓄積するとともに，Ａ社とこれまで取引のある消費財メーカーの中から，顧客のこだわりを実現できる企業を特定し，顧客に対して紹介・提案することになる。このように，Ａ社はこれまでの事業展開において培ってきた企業力や事業力を活かした展開を志向することになる。

これらのイノベーションの意味や内容について，顧客の使用状況・使用場面を特定し，より具体的に考えると，例えば，流通小売店に日々買い物に訪れ，子供の成長のことを考えながら，近い将来，自宅の建設を考えている主婦層やファミリー層については，流通小売内にあるインストア・ブランチにおいて【顧客の問題解決に適うチャネル】，スタッフが当該顧客の気になる事柄（デザイン，工法，素材，設備，行政手続き，外構，庭など）にかかる要望を聞きながら，適した業者候補を紹介・案内し【顧客の問題解決】，それに向けた家計設計，資金計画を同時に提案することになる【顧客の問題解決のための金融商品】。

また例えば，大学進学時の学費や入学後の専門的な学び，将来の就職などを含めた教育について悩みをもちながら進学を考える高校生や親については，じっくりとそれぞれの気持ちを聴取し相談支援が可能な店舗において【顧客の問題解決に適うチャネル】，スタッフが当該顧客の気になる事柄（4年間の学生納付金，地域大学や首都圏大学を比較した場合の学生納付金の差異，各月の生活費，それぞれの大学の専門分野や学生の成長・成果，専門分野の学びの結果としての就職業界・企業・職種）にかかる要望や悩みを聞きながら，適した高等教育機関候補を紹介・案内し【顧客の問題解決】，それに向けた家計設計・資金計画・学生となった場合の生活設計を同時に提案することになる【顧客の問題解決のための金融商品】。

第4節　結びにかえて

以上のように，成熟期にある銀行業界においては，既存企業A社がライバルである新規参入者について，既存の競争戦略で考えた場合と，「思いの経営」をもとにした競争戦略で考えた場合とではイノベーションの方向性は大きく異なることになる。

それぞれのイノベーションを事前に想定し，「思いの経営」の意味確認を皮切りにし，前章の「思いの経営」によるイノベーション創出の流れにそれらを当てはめて試論すれば，**図表4-6**のように整理することができる。

できれば多くの企業においてこれまでのイノベーションのまずさに自らが気づき，「次元の見えない」イノベーションを生み出し，「可視性の罠」から抜け出してもらいたい。顧客の状況や課題（品質や機能，価格を追求するのみでは顧客は十分ではなくなっているなど）について自ら気づくことができた場合には，これまでの可視性の高いイノベーションから決別でき，これまでにない「この顧客をこうしたい」という可視性の低いイノベーションを創出することができうる。

しかし，この罠から自力で抜け出すことが難しい企業においては，競争戦略の視点を転換し，ライバルを分析することで，「次元の見えない」ものを

図表 4-6 銀行業界の既存企業Ａ社の「顧客にして欲しい思い」をもとにした競争戦略によるイノベーションの一試論

既存の競争戦略と「思いの経営」の競争戦略との違い：「思いの経営」の意味確認	既存の競争戦略で捉えた場合に顧客に対して与える「思い」	顧客に対する課題	新たな「思い」：利用することにより至る感情等を定義する	「思い」の具体化：思いの実感，差別化，従業員のやりがい
●多様な金融商品を金利・手数料などの条件を良く，より便利に提供する「顧客のお金をこうする，こう提供する」という視点と，このモノ・サービスを購入し生活をこうするためにお金を使うという「お金は何に使われるのか」という視点の違い ●ライバルも金利・手数料，利便性を追求し，また，これは顧客のニーズの核心には迫っていないと考えられるため，これまでのイノベーションから決別（お金を使用する目的を踏まえたイノベーションへ） ●顧客は銀行を利用するうえでこれまでにない思いができる。この思いがライバルとの違いになる。従業員がこれまでのもののみならず，思いの実現のため新たな視点に立ち製品・サービスを開発し，それを受け入れてもらうことによりやりがいをえる	●多様なものを条件を良くし，より便利な場でというものを追求した製品・サービス ●「効率的にお金を貯め・運用でき，便利な」という思い	●顧客は，これまで多くの企業が金利や手数料，利便性を追求してきたため，これらを訴えられても響かなくなっている。そのため，これらのものにこだわるものではない，今後の問題解決の方向性を確認 →「人がなぜお金を使うのか」「顧客にどのような思いに至ってほしいのか」を考える	●顧客がお金を使用する際，すなわち，自動車を購入したり，住宅を購入したり，進学したりする際にこだわり，大切にしそうなもの ●ほかの企業が定義していないもの ●従業員がこれまで顧客に十分に響いていない金利・手数料，利便性を追求するのではなく，従来体験したことのない手段を講じながら至ることができるもの ●これまで同社が関係をもってきた企業や個人など同社の資源や事業力が活かされるもの ⇒（例）「この人にとって最適な買い物により，最高の日常生活を！」	●これまでの金利や手数料，利便性という価値提供や，ローンを借りたときに，返済できそうかという関係性ではなく，例えば住宅を購入する際に，顧客がこだわり，大切にする事柄（デザイン，工法，素材，設備，行政手続き，外向，庭など）等の要望を聞きながら，適切な業者等（この業者については，同社が把握し，関係性のある業者）を紹介しながら，お金と関わる事柄と併せて商品を開発 ●顧客が，そのモノを購入した際にその人なりの最適な買い物ができ，この思いがライバルとの違いとなる ●従業員は新たな仕事を体験し，顧客が「新たな思い」に至っていることを実感し，やりがいをえる

出所：本章の考察をもとに筆者が試論。

創出できる可能性が生まれる。顧客の状況や課題を自ら気づくことが難しい場合には，ライバルから「顧客にして欲しい思い」の視点で教えられるように意識することが求められ，ライバルの価値の再定義や事業の捉え直しに基づき，「この顧客をこうしたい」と考えていることに学ぶことにより，これまでの可視性の高いイノベーションから決別でき，これまでにない「この顧客をこうしたい」という可視性の低いイノベーションを創出できうる。

これまでのイノベーションのまずさに「ライバルから気づかされる」場合でも，自覚的にライバルを分析し，それに基づきこれまでにないイノベーションの創出を想定しているため，自らの気づきのように見える。ただ，まずさやその直す方向性について，自ら気づくことができたか，他の動きを見ることで気づかされたかというところが違う点である。

成熟期にある企業においては，これまでの経営や事業展開が良かったのか，このままで良いのかについて，常に自問自答し，自覚的に分析・把握することが極めて重要となる。これらの企業が，自社がこのままで良いのか，良くなければ今後どうしていくのかについて，自ら気づく，ないし，他から気づかされるためには，「顧客にして欲しい思い」を基礎にしながら経営を展開していく必要があるのではないだろうか。

第5章 「思いの経営」によるステークホルダーマネジメント

利害関係者達との良好な関係化を考える方針として有効か

第１節　本章の問題意識

成熟期にある企業は，社会に存在価値のある企業になるために，ステークホルダー（stakeholders：利害関係者）の中でどの存在を重視しながら経営や事業を展開する必要があるのであろうか。顧客に対してこれまでに味わったことのない何がしかの新しい価値を提供し，従業員に達成感ややりがいをもってもらい，ライバルに対して競争優位を確立していき，顧客からの支持により売上・利益の向上を果たし，その結果として，株主に対して資本維持の責任を果たすことが求められる成熟期企業にとっての解は，顧客，従業員，ライバル，株主といったいずれの存在も無視できない重要な存在と言うことができよう。また，成熟期にある企業は，これらの利害関係者と前向き・自覚的に向き合おうとするためには，どうすればよいのであろうか。利害関係者の多くとしかも自覚的に関わる必要がある成熟期企業にとっての解は，利害関係者達と「関わるべき」と一般に言われるから関わるのではなく，利害関係者達と「このような方針を持ちながら関わることで，さまざまな効果が得られそう」ということを理解しながら関わることと言えよう。

企業の経営者に対して意思決定のガイドラインとなるように利害関係者との関係性を積極的・自覚的に捉えることの重要性については，フリーマン（1984）が提起して以来，さまざまな観点から意欲的に研究が進められている。ただ，加藤・金井（2009）は，これらの理論的展開の軌跡について顧みながら，これらが主張する利害関係者へのアプローチは，戦略経営論に見られる専門経営者に対する規範的な視点を踏襲しており，利害関係者のダイナミックな関係を考えなければならない企業にとって，利害関係者が交織する場として企業を捉えるような新たな展開が必要であるとしている。

上述のように，成熟期にある企業においては，それぞれがいろいろな意図をもつ利害関係者の多くと関わることが重要となるため，これまでの「１つの利害関係者との関係性を重視する」マネジメント論はもちろんのこと，「主たる複数の利害関係者との関係性を重視し，それらを全体として調整・統合する」マネジメント論でも必ずしも十分とは言えない。後者に含められるドノバン他（1998），伊丹（1999，2004，2012）等は，さまざまな利害関係者に注意を払うという点では重要な示唆は与えてくれるものの，どうしても規範的な視点で利害関係者との関係を考えてしまったり（加藤・金井，2009），利害関係者のそれぞれとどう向き合うのかという個別の関わりの和としてマネジメントを捉えてしまったり，利害関係者を全体として調整・統合するうえでの方針が明確でないなどの理論的な課題も導出される。実際に，成熟期にある企業が利害関係者と自覚的に向き合うということを考えれば，それら企業において，主たる利害関係者のそれぞれの意図や企業にとっての意味を明らかにするとともに，利害関係者同士がどのような関係にあり，それら関係者を全体として調整・統合するような方針をもつことの意味・効果（利害関係者との良好な関係化や，これまでにない新たな事業展開が可能かなど）を明らかにすることが重要となる。

これらの問題意識をもち本章では，これまでのステークホルダーマネジメント論の理論的な課題を明らかにし，成熟期にある企業がこの利害関係者や多くの利害関係者と向き合うべきというマネジメント論ではなく，企業にとっての利害関係者の意味や関係者同士の関わりを明確にし，それらの関係者を調整・統合する方針をもちながら自覚的に利害関係者と関わろうとするマネジメント論について考察する。また，成熟期にある企業の今後のステークホルダーマネジメントを考えていくうえでは，「顧客にして欲しい思い」を基礎にした経営（思いの経営）のような，顧客，従業員，ライバルなど[(1)]の主たる利害関係者を調整・統合するとともに，経営や事業，仕事を進めていくうえでの方針をもつことの重要性を指摘し，このような方針をもつことの意味について具体的に検証する。

第2節　成熟期企業におけるステークホルダーマネジメントの理論と課題

成熟期にある企業は，顧客，従業員，ライバル等の利害関係者を個別ではなく，それら関係者を全体として調整・統合し，企業がより存在価値を高められるようにマネジメントしていくことが極めて重要となる。それら主たる利害関係者との関係性を全体として捉えるマネジメント論においては，それぞれの利害関係者をどのように捉え，全体としてどのように調整・統合しようとしているのであろうか。ここでは，主たる利害関係者のそれぞれを相互に関連させて全体として価値を創造しようとするドノバン他（1998）と，主たる利害関係者との関係を全体として調整・統合し，その調整・統合するものが経営戦略であるとする伊丹（1999，2004，2012）を取り上げ，それら理論の枠組みと，成熟期にある企業に対する意味，さらにはステークホルダーマネジメント論としての課題について考察することにする。

1．ドノバン他（1998）の価値創造理論とステークホルダーマネジメント論としての意義および課題

①ドノバン他（1998）の理論的枠組みとステークホルダーマネジメント論としての意義

ドノバン他（1998）は，変化の激しい時代を生きる企業が利害関係者といかに関わるべきかについて有益な提起をしている。そこでは，企業における顧客，従業員，株主といったすべての満足を最大化する経営改革を主張し，そのような経営改革を推進する企業を「価値創造企業」（The Value Enterprise）と定義している。多くの企業は，株主のための価値，顧客との関係，事業効率といった一部のみを見て価値を定義しており，このやり方であると，利害関係者間のトレードオフを前提としているために，最適価値は実現できないとしている。

また，ドノバン他（1998）は，小売業界の「ウォルマート」や航空業界の「コンチネンタル航空」の顧客，従業員（人材），株主にかかる価値創造の経緯を考察し，これらの成功企業はこうした利害関係者間のトレードオフではなく，顧客，従業員，株主を含めたすべての利害関係者のために価値を創造することにより，企業価値を高めているとしている。

そして，ドノバン他（1998）は，このような企業価値を創造している企業は，利害関係者のトレードオフではなく，皆がメリットを受ける状況をつくることの重要性を知っていることも指摘する。そこでは特に，企業の重要な

利害関係者である顧客，従業員，株主に焦点を当て，これら三者をそれぞれ満足させるような価値を創造していくことが重要であるとする。つまり，一部の利害関係者のことだけを考えてやみくもにコストを削減すれば他の利害関係者が一方的に被害を受けるといったように，特定の利害関係者に注力するやり方は単純すぎており，近視眼的であるため，それぞれの利害関係者の関心事を十分に理解し，皆がメリットを受けられる形で提供することが必要であるとしている。

このようなドノバン他（1998）の価値創造理論におけるそれぞれの利害関係者と企業および戦略との関わりについて整理すれば，以下のようになる。

「顧客」は価格に見合う価値のある製品およびサービスの提供を受けることで，企業に対して収益を与えてくれるようになる。また，「株主」は配当および株価値上がり益が生まれることで，出資するようになる。さらに，「従業員」は報酬および自己実現を与えられたり，機会を得たりすることで，顧客や株主のための価値創造プロセスに関わろうとするようになる。

これらの顧客，従業員，株主について全体として価値創造（企業価値創造）をしていくことが極めて重要であり（**図表5-1**における企業と各利害関係者との関わり），これらの三者すべてを対象としない経営戦略は組織の健康維持にとって危険であるとしている。

ドノバン他（1998）は，上述の事例分析を基礎に，ネイションジェット航空という航空業界の架空の企業を取り上げながら，価値評価モデルを作成することにより利害関係者すべての価値を創造することの重要性を説いている。ドノバン他（1998）は，ネイションジェット航空における価値評価モデルの作成に至る背景や経過を記述しながら，価値創造経営を展開するためには，会社のビジネスの模型である同モデルを作成することが必要となり，これによりさまざまな効果が得られるとしている。例えば，会社の業績がどうなるかを見ることができたり，実際にやってみなくても影響を評価できたり，会社の全体をシステムとして見て，そのシステム内の構造や相互関連によって引き起こされる行動や出来事を理解することができたり，どのように事業を行って企業価値を創出するかを理解できたり，企業と市場についてあらゆる情報を集め，それらを統合して将来の価値を理解することができたり，社内

図表 5-1　利害関係者の相互関連と全体としての価値創造を意識する価値創造理論

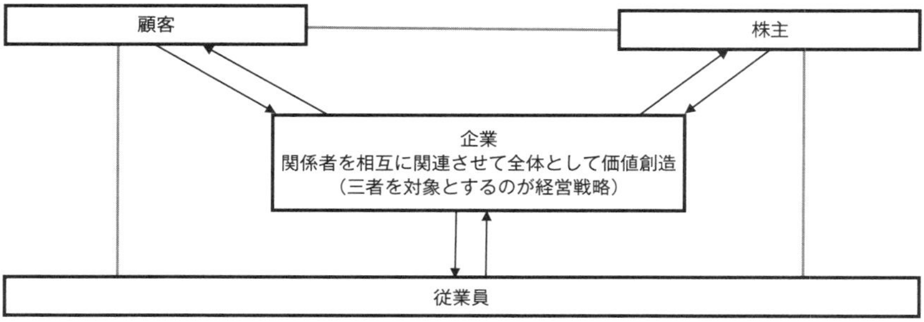

出所：ドノバン他（1998）の記述をもとに筆者作成。

の問題や部門間のバランスをとるために必要なトレードオフを明確にする包括的でダイナミックな見方ができたり，顧客・資産・事業活動・従業員のそれぞれがどう関係し合い，将来のキャッシュフローにどう影響するのかを皆（経営者のみならず現場の従業員も含めて）が理解して共通の認識を形成することができたりする，などの効果が得られるとしている。

ドノバン他（1998）は，これらを指摘したうえで，企業価値評価モデルの関係図を具体的に示している。そこでは，顧客価値を高めるためには，相対価格や相対品質を意識し，株主価値を高めるためには，収益，資産および費用を意識し，さらには人材価値を高めるためには，相対的な報酬や相対的な仕事の質を意識するとし，顧客価値の相対価格は株主価値の収益と関わり，顧客価値の相対品質は人材価値の相対的報酬と関わり，株主価値の資産や費用は人材価値の相対的な仕事の質と関わるとしている。このように，それぞれの利害関係者がもつ意図とともに，それぞれは相互に関係することを提起している（**図表5-1**における利害関係者ごとの相互関連）。

このように，多くの企業が一部の利害関係者との関係を考え，価値を創造してしまうことを指摘し，多くの利害関係者との関係を全体として考えようとする点や，それぞれの利害関係者（の価値創造）を相互に関連させて考えていくべきであるという点，さらには，具体的にこの理論的な前提に立って具体的な手法に提案に至っている点などは示唆に富むものである。

②ドノバン他（1998）の理論のステークホルダーマネジメント論としての課題

ドノバン他（1998）は，上述のように，企業は，顧客，従業員，株主といった利害関係者のそれぞれを相互に結びつけながら全体として価値を創造（企業価値創造）していくというステークホルダーマネジメント論を展開している。企業価値の創造を成し遂げている企業においては，１つの利害関係者がメリットを受けるばかりでは必ずしも他の利害関係者がメリットを受けられるわけではなく，利害関係者の皆がメリットを受ける状況をつくることの重要性を知っているとする。このように利害関係者の全体を意識し，相互に関連させたステークホルダーマネジメントを展開すべきことを強調する。

ただ，この価値創造理論で主張される利害関係者を全体として意識することや，利害関係者を相互に関連させることはどのようなものであろうか。また，同理論は，成熟期にある企業にとってどのような意味があるのであろうか。

企業価値を高めているとされる企業事例においては，利害関係者をどのように捉え，それら関係者をどのように相互に関連付け，全体としての価値を創造しているのであろうか。前述のウォルマートとコンチネンタル航空における要点について整理すると以下のようになる。

「ウォルマート」は，1970年代から80年代にかけて，すべての利害関係者に対して好業績をあげた企業事例として取り上げている。それぞれの利害関係者についての価値創造を確認すると，「顧客」に対しては，車から車への荷物の積み替えであるクロスドッキング方式を用いたり，業者が店舗へ直接商品搬入することに伴う流通コストの削減，帰路の荷積みによる運送コストの削減等により巨額のコストダウンを可能にし，商品を低価格で提供できた。また，「従業員」に対しては，経営者は従業員が顧客を大切に扱うように望むためには，経営者が従業員を大切に扱うことが必要と考え，従業員が改善提案を行いやすい環境をつくったり，販売・利益・在庫・値引きに関する意思決定に参加してもらい責任を与えたり，報酬制度やストックオプション制度により処遇に反映したりした。さらに，「株主」に対しては，顧客と従業員の価値を創造したことで獲得した競争優位によりシェアを拡大し，高い株価と配当といった形で価値を創り出した。

また,「コンチネンタル航空」は,ウォルマートと同様に成功事例として取り上げ,価値創造の参考になるとしている。同社は,1937年に社名を同社名に改め,同時期にあった「高くて危ないという飛行機での旅」の一般的な悪いイメージの中で,上質なサービスを前面に押し出すことにして,「顧客」に対しては,ファーストクラスの乗客に温かい食事やシャンパンを用意したり,機体を一新し乗り心地をよくしたりするなどして,サービスが良いという印象を与えた。また,「従業員」に対しては,経営者には子供がおらず従業員の成長を生きがいとしていたため,従業員同士の友情も育まれ,離職率も低かった。さらに「株主」に対しては,優れた顧客価値と従業員価値を創造したおかげで信じられないほどのリターンをもたらした。このようにして顧客,従業員,株主に対して信頼を築いてきた同社も低価格での提供にこだわり従業員価値の創造がおろそかになったり,人員削減により顧客不満が発生し,収益が減少したりという経過を経て,自分達の生き方を再定義し,すべての価値を創造しながら復活したとしている。

この2つの事例からも明らかであるように,多くの利害関係者を意識した記述にはなっており,利害関係者を全体として捉えようとはしているものの,基本的にはそれぞれの利害関係者ごとにこのような価値を創造したという記述になっている。相互関連という点を意識しながら確認しても,ある利害関係者の満足をこうすると,結果としてある利害関係者の価値はこうなるという表現である。したがって,利害関係者のトレードオフではなくという表現や,皆がメリットを受ける状況の重要性という記述からも明らかなように,「顧客にも,従業員にも,株主にも」という視点であり,顧客へ低価格での提供や新サービスの展開により顧客価値が創造され,従業員へ報酬ややりがいを得られる状況をつくると従業員価値が創造され,その結果として株価や配当に影響してくるので株主価値が創造されるという論理である。つまり,それぞれの利害関係者の関係性を意識した表現にはなってはいるが,利害関係者のそれぞれの価値創造や関わりの和としてのステークホルダーマネジメント論が展開されている。すなわち,企業においては,利害関係者達を関連させながら向き合うことの意味やそれらと向き合ううえで基礎となる方針が明確となってはおらず,その方針がないがゆえに,利害関係者のそれぞれが相互に関連せず，「顧客はこう，従業員はこう，そうすると株主はこう」という流れになっていたのではないかと考える。

また，2つの事例や上述の企業価値評価モデルからも明らかであるように，利害関係者のそれぞれとの関わり方や価値創造についても平板的である。つまり，顧客に対しては，価格や品質等を追求することで関わり方が十分でかつ具体的であり，価値創造はなされるであろうか。また，従業員は，親族のように大切に向き合い，意思決定に参加してもらうということで関わり方が十分でかつ具体的であり，価値創造はなされるであろうか。さらに，株主は，これらの顧客や従業員の関わり方（価値創造）の成果で，価値創造はなされるのであろうか。これだけ良質で安価な商品があふれる現代において，顧客はいままで味わったことのない意味ある商品を求めており，従業員は品質の追求や価格の低下を意識した仕事以外のこれまでやったことがない仕事を求めており，株主は，顧客へこれまでにない新たな事業展開をしていて，従業員がやりがいをもち一体化し，勢いのある企業を応援したいと思っているのではないかと考える。後述するが，このような視点で捉え出すと利害関係者それぞれの相互関連が明らかとなり，それぞれの共通項から企業の全体としての方針が導き出されてくる。

上記してきたように，ドノバン他（1998）の価値創造理論のステークホルダーマネジメント論としての課題は，1）変化の激しい中で生きる企業のことを考え，それぞれの利害関係者および多くの利害関係者と「こう向き合うべき」という規範的な提起になっており，それでは必ずしも自覚的に利害関係者に向き合おうとはしない点，2）利害関係者を相互に関連させようとはしているものの基本的には個別の関わりの和となっている点，3）主たる利害関係者を対象とするのが経営戦略と言及しているが，利害関係者を全体として調整・統合するうえでの方針が明確ではない点，その他には，4）それぞれの利害関係者と関係する際の軸が果たしてそれで十分であろうかという点，などが挙げられる。

2．伊丹の戦略適合理論とステークホルダーマネジメント論としての意義および課題

①伊丹の理論的枠組みとステークホルダーマネジメント論としての意義

伊丹（1999，2004，2012）は，ドノバン他（1998）と同様に，企業と利害関係者（伊丹は，「環境」と表現）との関わりについて重要な示唆を与えてくれる。そこでは，企業がそれぞれの利害関係者との関わりにおいて成功した事例の調査をもとに抽象化し，共通のパターンを導出する帰納法的な考察により経営戦略の論理を記述している。経営戦略の成功例に共通したパターンが戦略的成功の本質であり，それは「戦略適合」（Strategic Fit）にあると結論付けている。

この伊丹（1999，2004，2012）の戦略適合理論におけるそれぞれの環境と経営戦略との関わりについて整理すると，以下のようになる。この記述からも明らかであるように，それぞれの環境の適合においても幾つかのレベル（例えば，後述する戦略の組織適合には「一体化」，「勢い」，「刺激・緊張」といった3つのレベル）があるとしている。

外部環境のうち最も重要となるのは，企業がビジネスを展開する相手「顧客」である。顧客は誰か，顧客のニーズとは何か，そのニーズに合致したサービスを提供しているか，さらには，顧客のニーズはどう変化しているか等を把握・検討し，それに適した戦略を策定することが必要となる。顧客にあった戦略すなわち「戦略の顧客適合」である。

また，これら顧客に提供する存在は自社だけではなく，沢山のライバルが存在する。つまり，顧客は自社の製品・サービスのみを利用・活用するのみではなく，これらライバルも重要な外部環境となり，それらの動向も踏まえながら行動していくことが必要となる。具体的には，競争相手は誰か，競争相手はどのような動きをしているのか，自社は競争相手の動きを読んでその機先を制しているのか，さらには，競争相手に対して持続的な競争優位を確立しているのか，等を把握・検討し，それらライバルに適した戦略を策定することが必要となる。競争にあった戦略すなわち「戦略の競争適合」である。

さらに，企業は顧客価値を高める製品・サービスを提供し，ライバルに競

争優位を発揮するためには，技術の動向を把握するとともに，顧客の問題解決に役立つ最先端技術の導入が不可欠となる。具体的には，企業を取り巻く技術の潮流・トレンドは何か，そうした技術の流れを企業の経営に取り込んでいるのか，さらには，技術は顧客の問題解決に役立っているのか，等を把握・検討し，それに適した戦略を策定することが必要となる。技術にあった戦略，すなわち「戦略の技術適合」である。この技術については，外から導入するという外部環境の視点（伊丹，1999）から，内部で開発するという内部環境の視点（伊丹，2012）に転換させている。

外部環境とともに企業は内部環境にも目を向けることが必要となる。まず，企業がビジネスを展開していくうえで基となる「資源」である。企業内部の経営資源，つまり，ヒト・モノ・カネ・情報等に裏付けられない戦略を実行していくことは不可能であり，経営戦略の内容はそれら諸資源を反映したものである必要がある。資源にあった戦略，すなわち「戦略の資源適合」である。

また，ビジネスを展開する主体であり，戦略を策定・遂行・実行する主体が「組織」である。戦略の内容は，人の集合体としての組織を動かすことのできるものかを考えることも重要となる。組織には多くの人が存在するという状況を踏まえれば，それら人々の心情や利害などを考慮し戦略を練り上げるとともに，戦略内容をつくった人のみならず，実行する人に浸透・納得させることが必要となる。また，人々の思考や行動の癖に刺激を与えるような内容にすることが求められる。組織にあった戦略（組織を動かせる戦略），すなわち「戦略の組織適合」である。

特に，この組織適合にかかる記述は成熟期にある企業にとって重要な意味をもつであろう。伊丹（1999，第7章；2004，第9章）は組織を動かせる戦略，すなわち戦略の組織適合には3つのレベル「一体化」，「勢い」，「刺激・緊張」があるとしている。組織の行動は多くの従業員の総和であるため，共通の目標を設定するなどして，個々の行動がバラバラではなくベクトルがそろい一体化することがまず必要となる。また，利益を生み出すことや小さな成功を生み出したりしながら，その組織の方向に人々が自信をもち積極的に努力するような状態，すなわち勢いがあることが求められる。さらに一体化し，

図表 5-2　主たる利害関係者（企業の内外環境）との関わりを調整・統合する戦略適合理論

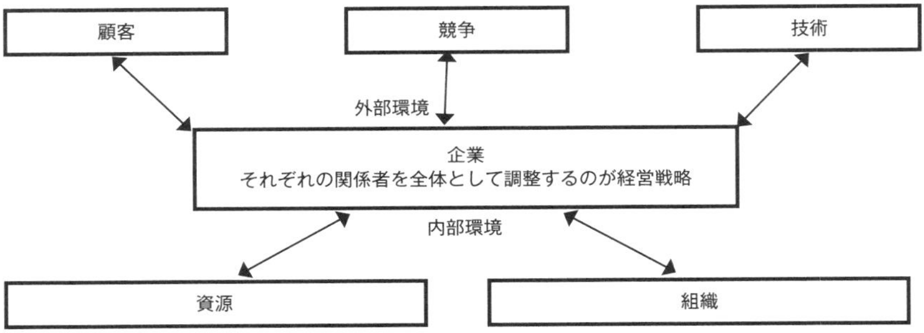

出所：伊丹（1999, 2004）の記述をもとに筆者作成。

勢いのある組織においてもたるみやだらけが生まれたり，人々の間には易きに流れる風潮が見られることになる。それらを防ぐためにはコンセンサスの得られるギリギリを狙いながら新しい方向や事業分野にあえて向けさせたり，これまでの事業分野を切ったり，組織風土には合わない戦略などをとったりしながら，刺激を与え，それにより緊張感を生むことが不可欠となる，としている。

上述してきたように，企業の継続や成長にとって顧客，ライバル，技術という外部環境と，経営資源，組織という内部環境とうまくぴったりと合う（適合する）経営戦略の内容を工夫することが極めて重要になるとしている（**図表5-2**）。したがって，それらの内外環境との適合を全体として調整・統合するのが経営戦略であるとしている。

このように，企業が意識すべきさまざまな利害関係者（諸環境）を明らかにし，それら利害関係者との関係を全体として考えようとする点や，それらの全体を統合（全体と適合）するのが経営戦略だとする点，さらには，それぞれの利害関係者との関係を考えていくうえでもダイナミックな関係として段階が存在することを指摘し，例えば，戦略の組織適合においては，従業員の集合体を組織と捉え，組織が新たな展開をしていくためには，人の特性などを踏まえながら，組織をまとめ（一体化），積極的にし（勢い），積極性を維持する（刺激・緊張）という段階を意識しながら展開することが重要であるとしている点，などは示唆に富むものである。

②伊丹の理論のステークホルダーマネジメント論としての課題

伊丹（1999，2004，2012）は，企業が顧客，ライバル，資源，組織（従業員の集合体）といったさまざまな利害関係者との適合を考えながら経営戦略を策定すべきことを主張し，それら利害関係者の状況と変化にぴったりと合わせていくというステークホルダーマネジメント論を展開している。顧客への適合においては，顧客のさまざまなニーズを捉えた事業展開とともに，そのニーズの変化を見越した対応や，これまでの事業展開を梃子にしてどのように未知のニーズを想定していくのか，組織への適合においては，従業員がなにがしかの方針をもとに一体化し，利益などを確保しながら勢いを保ち，その勢いや積極性を維持していくためには新たな事業に取組むなどして刺激・緊張が必要であるといったように，それぞれの利害関係者と関わる際には，段階があることを指摘している。このように利害関係者の全体を意識し，全体を調整・統合し，組織の継続性を重視したステークホルダーマネジメント論を展開すべきことを強調する。

ただ，この戦略適合理論で主張される利害関係者を全体として意識することや，利害間関係者を全体として調整・統合するということ，組織の継続性を重視した表現はどのようなものであろうか。また，同理論は，成熟期にある企業にとってどのような意味があるのであろうか。

戦略的に適合しているとされる企業の事例は，利害関係者をどのように捉え，それら関係者を全体としてどのように意識し，経営戦略においてどのように調整・統合しながら成功しているのであろうか。ここで記述されている事例についてまとめると**図表5-3**のようになる。それらの事例はそれぞれの環境との適合という観点からすると極めて重要であり，それぞれの環境との関わり（適合）を全体として調整・統合するのが経営戦略となっている。

これらの事例を要約すれば，組織にあった戦略（組織適合），顧客にあった戦略（顧客適合），ライバルにあった戦略（競争適合）などが重要になるとしているが，利害関係者それぞれの関係性はあまり意識されてはいない。この理論的枠組みにおいては，その役割を経営戦略が担うことになるが，組織

図表 5-3　戦略的適合の事例

外部環境： 顧客 顧客適合	(1) 攻めるターゲットは誰かを明確にしている自転車部品メーカーの「シマノ」（購入を決める人は，じつは量販店のバイヤーということを察知し，それらに営業をかける。量販店のバイヤーが気に入ってくれれば，シマノのこの部品を使ってくれという指示が自転車メーカーに届くことになる） (2) ネックとなっていたことに対して適切に取組む「日比谷花壇」（花屋にいって花を購入するのが気恥ずかしい〈購入は勿論，それをもって街を歩くのも，面と向かって花を贈るのも恥ずかしい〉男性顧客を対象にネット通販を立ち上げている） (3) 事業に二重のコンセプトを確立している「ヤマト運輸」（宅配便における物流業と，サービス業という事業の二重性⇒ 顧客に不満をもたれないような応対や受け渡しなど） (4) 有難い顧客をユニークな目で発見しているコンビニの「CVS ベイエリア」（人口が少なくコンビニ企業が通常出店しないようなベイエリア沿いの場所に出店し，トラックの運転手等に対し惣菜・酒類などを提供する） (5) 客が客を呼ぶような取組みをみせるドラッグストアの「マツモトキヨシ」（ドラックストアのイメージを越えた CM を流すことにより，「マツキヨにいけば何か面白いものがあるのかもしれない」という期待感をもたせて集客し，店内レイアウトや話題性のある商品によりしっかりと応え，それが口コミとなり，客が客を呼ぶ構造をつくり出している） (6) ニーズ把握の落とし穴に入らないよう努力する「タカラ」（顧客の目線によるニーズ分析に注力し，オモチャを買っていく子供から生の声を聞き，ベーゴマの現代版であるベイブレードを開発し大ヒットとなる）
外部環境： ライバル 競争適合	(1) デジタルカメラ市場に参入してシェアを獲得する「富士フイルム」（競争相手は写真業界の企業ではなく，エレクトロニクス系の企業と見極め収益を確保する） (2) 顧客への低価格による提供を目指し価格競争を繰り広げる「ハンバーガー業界」（2000 年，マクドナルドの平日半額など），「発泡酒業界」（2002 年の発泡酒 10 円値下げ競争など） (3) 家電業界における競争戦略＝「ソニー」（製品差別化），「松下電器（現パナソニック）」（補助サービス差別化），「三洋電機（現パナソニック）」（価格差別化） (4) 未開拓分野で市場を創造した外食産業の「すかいらーく」（ファーストフードという大手商社が参入しているところを避け，ニッチ・隙間を狙いファミリーレストラン分野に進出しチェーン展開をはかる）
外部環境： 技術 技術適合	……
内部環境： 経営資源 資源適合	……
内部環境： 組織 組織適合	(1) コンセプトをシンプルに設定する「シャープ」（自分達の提供すべきものは液晶であるということを理解し，液晶技術を使い液晶テレビや各種液晶製品の開発に取組む） (2) 事業として維持可能な利益を重視する「宝酒造」（研究だけを長く続けている研究者に対して批判が生まれ，組織内の冷たい視線を浴びないように，利益を稼げるような仕組みを考える）⇒ 新分野，成長分野に対する研究活動の勢いを維持する (3) 創造的な緊張を生むために，まず切ることを決めた「エプソン」（パソコン事業から撤退し，液晶プロジェクター事業へ転向する） (4) 組織風土に合わない戦略をとった「大王製紙」（産業用紙から家庭用紙へ転換する） (5) 企業の変革と飛躍を考え，組織風土に合わない戦略を立てる「花王」（安価で大量に大衆向けに，量販店や小売店という一般の販売経路をつかい主力商品「ビオレ」を販売する。その一方で，高価で小規模に，ドラッグストアのみの限定的な販売経路において「キュレル」を販売する）

出所：伊丹（2004）をもとに筆者が整理・解釈・概要化。

を踏まえた戦略，顧客を踏まえた戦略，ライバルを踏まえた戦略というように個別的である。換言すれば，組織が顧客を意識したり，組織がライバルを意識したりという構造にはなってはいない。単に組織構成員の個性・欲求・思いを総和させて策定した戦略では不十分であり，それら構成員の思いの総和が顧客の問題を解決したり，ライバルへの競争優位を築くものとなることが必要となるであろう。したがって，組織を動かせる戦略は顧客価値を創造するものであり（顧客と組織とを戦略を通して統合する），組織を動かせる戦略はライバルに競争優位を確立する戦略（ライバルと組織とを戦略を通して統合する）という形で，戦略策定により内部の利害関係者が外部の利害関係者を意識できるような状態をつくりあげることが重要となる。

この内部と外部の利害関係者の関連付けが弱いと，組織構成員は顧客やライバルについて理解・把握しようと思わず，またそれらは自分達の欲求・思い・言い分のみを主張しようとする。それがひいては企業側の主張と構成員（従業員個人）側の主張のズレとなって現われてくる。したがって，企業目的と個人目的のズレにより企業は目的を達成できなくなる。企業は継続・成長するためには，その条件として顧客価値を高め，ライバルにはないものを提供し売上や利益を確保することが不可欠となる。つまり，企業の目的として継続・成長が妥当であるとすれば，その手段・条件として売上・利益を獲得し，その売上・利益を獲得するためには，「顧客」や「ライバル」を適切に把握しそれらへ的確に投げかけることが必要となる。その「顧客」が重要・必要と考え「ライバル」には見られない製品・サービスを開発・提供する存在はいうまでもなく「組織構成員」である。このように企業の目的を果たすためには構成員の思い等を踏まえつつ，企業目的を構成員の目的とすることが不可欠となり，このような顧客の価値創造やライバルへの競争優位を果たすことと構成員の欲求・思いを満たすことにより企業は継続・成長することができるようになる。かくして，顧客の問題解決やライバルへの競争優位の確立という企業の戦略が構成員の目的となり，構成員がその目的（戦略）にコミットし自覚的に動くことができるようにすることが極めて重要となる。

これらからも明らかなように，同理論においては，それぞれの利害関係者を意識した記述になっており，利害関係者を全体として捉えようとはしているものの，基本的にはそれぞれの利害関係者ごとに適合したという表現になっている。また，利害関係者を全体として調整・統合するのが経営戦略であり，その点を意識しながら確認しても，利害関係者のそれぞれの適合や関わりの和としてのステークホルダーマネジメント論が展開されている。すなわち，企業においては，利害関係者達を関連させながら向き合うことの意味やそれらと向き合ううえで基礎となる方針が明確とはなっておらず，その方針がないがゆえに，「顧客はこう，ライバルはこう，従業員はこう」という流れになっていたのではないかと考える。

また，内部の利害関係者である組織や従業員の癖を理解し，組織をまとめ，組織が積極的に動き，組織に刺激・緊張を与えながら触発することの重要性を説いている点は示唆に富むものであるが，組織がこのようになるうえでは，どのような方針をもてばよいのだろうか。組織や従業員が一体化し，積極的に動き，触発される際に，顧客やライバルなどの利害関係者との関わりは無視できず，これらの利害関係者をどのような方針をもちながら調整・統合していく必要があるのであろうか。

上述してきたように，伊丹（1999，2004，2012）の戦略適合理論のステークホルダーマネジメント論としての課題は，1）環境に適合しながら生きる企業のことを考え，関係する利害関係者の多くと「こう向き合うべき」という規範的な提起になっており，それでは必ずしも自覚的に利害関係者に向き合おうとはしない点，2）内部と外部を分けて利害関係者を全体として捉え，それらとの適合を考えようとはしてはいるものの，基本的には個別の関わりの和となっている点，3）多くの利害関係者との適合を考えていく役割が経営戦略にはあると言及しているが，利害関係者を全体として調整・統合するうえでの方針が明確ではない点，4）内部である組織（従業員の集合体）という利害関係者は，外部の顧客やライバルという利害関係者との関連によりまとまったり，勢いが生まれたり，触発されるため，内部と外部との関係をどのように捉え，どのように調整していくべきかが明確になっていない点，などが挙げられる。

上述してきたように，ドノバン他（1998）の価値創造理論と伊丹（1999，2004，2012）の戦略適合理論の2つのマネジメント論に共通する課題は，

1）～3）ということになる。

第3節　成熟期企業が多くの利害関係者と前向きに関わろうとするステークホルダーマネジメント論を考えるうえで

既存理論の上述の課題を踏まえると，成熟期にある企業はかかる理論を基礎にしながら多くの利害関係者と前向きに関わり，良好な関係性を構築することができるであろうか。

成熟期にある企業においては，これらのマネジメント論の影響もあってか，顧客，従業員，ライバルといった主たる利害関係者の重要性や，それぞれが何を重視しているのかについては認識されつつあるものの，実際に利害関係者が重視していることを十分に満たしたり，良好な関係が十分に築けているかと言えば，必ずしもそうとは言えない。ただ，これらの企業としては，理論的には間違ってはおらず，顧客や従業員を重視し，ライバルとの持続的な競争優位の確立を標榜していることを主張する。しかし，この理論は，それぞれの利害関係者との関係を重視し，それを足していくような視点のマネジメント論であり，それぞれの利害関係者を相互に結びつけ，利害関係者達との良好な関係を構築する具体的な方針をもったマネジメント論ではない。しかも，これらの企業は，顧客や従業員を重視していることを主張するものの，実際に重視しているのは本当にそれであろうか。これらの利害関係者というよりも，自社の売上・利益の獲得やその売上・利益の獲得に影響を与えるライバルの存在と言えるのではないだろうか。また，これらの企業の従業員は，顧客の問題解決やそれによるライバルへの競争優位という目標をもって仕事をしているだろうか。

つまり，これらの企業においては，それぞれの関係者との関係性や関係者間のつながりを意識しながら記述すれば，1）自社の売上・利益獲得のためにライバルの行動を重視している，2）ライバルと違う品質・機能・価格を追求している，3）品質・機能・価格を追求すれば顧客は受け入れてくれるという企業側の発想が存在している，4）効率・機能のみの追求により従業員の仕事上のやりがいが減退している，などが挙げられるのではないだろうか。すなわち，これらの企業は，自社の利益獲得を狙い，業界内のどの企業にもない品質（高品質化）・機能（高機能化，機能追加）や，どの企業よりも安い価格（生産効率をあげる）を追求してきた。そのため，意識する最も重要な存在がライバルであり，製品・サービスを提供する相手である顧客は，ライバルより品質・機能をよく，低価格を実現すれば受け入れるだろうという程度の存在として捉えてきたのではないだろうか。

例えば，キリンの「生茶」の再ヒットの事例からも確認できるように，新たな価値を開発する際に，ライバルを重視してきたことは成熟期にある企業の多くに見られる傾向であろう。生チョコや生ビールなどを参考に2000年に開発された同商品も2005年をピークに売上は微減を続け，2014年の段階では存亡の危機にあった。その再ヒットのきっかけとなったのが，ブランドリーダーである菅谷恵子氏の「競合を見てはいけない」という認識であった。「競合関係に目を奪われると，現状を認識し，少し変える程度の進化しか実現できません。では，どうすればいいか…。その答えは『商品を歴史の中で捉え直す』ことだと，私は思います。」（『ダイヤモンド・オンライン』2016・10・27）という考えにあるように，ライバルを重視するだけでは顧客に十分に響く価値の開発にはつながらず，製品や事業をそもそもから考え，それを捉え直すことで，相手へ意味のある大きな変革につながることを示唆している。同社では，菅谷氏が中心となり，平安時代から続く緑茶の歴史や文化を振り返りつつ，急須では淹れられないような，お茶の歴史を進化させるような商品を開発することになる。そこでは，生茶葉に圧力をかけてうまみを抽出する手法の開発や，お茶を粉砕する技術（硬いボールや空気圧）の研究，粉砕した茶葉がどうしても沈殿してしまうというネックを「振って飲むとおいしい」という価値に転化したイメージの向上，これらの商品の特徴を表す洗練されたグリーンのボトルデザインの制作などに取組み，顧客の支持を得ている。

キリンの「生茶」の再ヒットのかげには，「ライバルを見ない」ことが要因にあるように，成熟期にある企業の多くが，それまでの同社のように，ライバルの動きを捉え，現状の商品を少し変える程度の進化を実現してきたと言えよう。つまり，この動きからも明らかであるように，企業の視点やライバルとの違いの視点でものを考えてしまい，顧客を思い，顧客をどうしていきたいという顧客の視点は弱いものとなってしまう。したがって顧客は，提供される製品・サービスの自分に対する意味や違いが十分には分からず，高品質・高機能なものや低価格なものを購入し，それに連動して企業は，より高品質・高機能・低価格を実現しようという行動となってしまう。品質や機能を追求しても顧客のほとんどが十分に満足できる水準に達すれば，最終的には価格のみの競争となってしまい，企業は自分で自分の首を絞めるという構造になってしまう。そして従業員は，より高品質に，より高機能に（また機能追加を），さらに効率よくということを追求し，意識する相手も業界内のライバルに限定されてきたため，定型的な仕事や仕事上の限界も多く，仕事に対しておもしろみややりがいを必ずしも見出せない状況になってしまう。

このような状況にある企業に対して，価値創造理論や戦略適合理論の主張のように，さまざまな利害関係者に対して，こう向き合うべきであり，全体として調整・統合すべきといっても，実際に利害関係者に対して前向きにかつ効果的に向き合うであろうか。また，実際に全体を調整・統合できるであろうか。

それでは，かかる状況にある企業にとって，どのようなステークホルダーマネジメント論であればよいのであろうか。企業がどのような方針をもちながら経営や事業を進めることでさまざまな意図をもつ利害関係者達と良好な関係を構築することができ，これまでにない新たな価値の創造がなされるのであろうか。もし，企業が何がしかの方針をもつことで，主要な利害関係者の相互の関連が明確となったり，それらの関係者に効果的に関わることできたりとステークホルダーマネジメントの課題が克服されるのであれば，それはどういった方針であろうか。

第4節　利害関係者の相互関連の明確化や，利害関係者との関わり方にかかる考察

第３章では，成熟期にあるビール業界「サッポロビール」に焦点を当て，同社が自らこれまでのイノベーションのまずさに気づき，顧客の価値創造や

従業員の価値創造，さらには競争優位の確立に向けてイノベーションの創出を図っていくためには，「顧客にして欲しい思い」を基礎にした経営を展開すべきことを主張し，具体的にイノベーションの方向性について試論した。また，第４章では，成熟期にある銀行業界「既存企業Ａ社」に焦点を当て，同社が自らこれまでのイノベーションのまずさに気づくことができない場合は，これまでの競争戦略を「顧客にして欲しい思い」をもとにした競争戦略に転換しながら他からこれまでのイノベーションのまずさに気づかせてもらうように意識し，顧客の価値創造や従業員の価値創造，さらには競争優位の確立に向けてイノベーションの創出を図っていくべきことを主張し，具体的にイノベーションの方向性について試論した。

これらの成熟期にある業界・企業の考察からも明らかであるように，これまでにない新たな展開が必要な状況の中で，品質・機能・価格を追求するようなイノベーションは有効ではなく，楠木他（2006，2007）が指摘するような，「誰（この顧客）が，なぜ，どのように喜ぶのか」というコンセプトイノベーションが極めて重要となる。ただ，成熟期にある企業が実際にこのコンセプトイノベーションを展開していくためには，「この顧客にどのような思い（感情・表情・表現）をして欲しいのか」という「思い」の視点から経営や事業を展開していくことで，１）顧客の喜び方が何がしかの思いで表すことが可能になりやすい，２）経営者や従業員の目指す方向が想像しやすい，３）製品の品質・機能向上ではなく「思い」の達成となるとなるため，製品開発の視点が広がり，新たなものが開発されやすい，４）顧客へ提供されるものは価値次元の「見える」ものから「見えない」ものへ変わり，競争優位の確立に寄与しやすい，５）従業員は「顧客にして欲しい思い」を考え，それと整合性のある製品を新たに開発・提供することに伴う「刺激」，その製品が受け入れられたことに伴う「やりがい」が得られやすくなる，などの利害関係者の相互関連が明確となり，利害関係者との良好な関係の見通しが立ちやすくなる。このように，「顧客にして欲しい思い」をもとにしながら経営や事業を展開していくと，顧客はもとより，ライバルや従業員等との関係化においても有効になりうると仮定する。

上述のように，成熟期にある企業の多くは，これまで企業の論理で物事を考え，ライバルの動きや取組みを重視し，品質・機能・価格などを追求してしまい，顧客には十分に響かない製品・サービスの提供になってしまったり，ライバルには持続的な競争優位につながらなかったり，これらの活動の参加した従業員のやりがいにはつながらなかったりという問題が生まれていたと言えよう。

それらの諸課題を捉えれば，第２章**図表2-7**で示したような，各種利害関係者の存在とそれらとの良好な関係化を考えた枠組みであり，「顧客にして欲しい思い」のようなものを基本方針にした論理を考えていくことが重要となる。したがって，成熟期にある企業においては，経営者と従業員の間で，ライバルの動向を重視することで生まれていた「品質・機能・価格の追求は顧客には十分に響かない」ということを回顧・反省することになる。これらを踏まえて，かかる企業では，ライバルを一定程度意識しながら，顧客の使用状況・文脈や自社独自の資源の活用を考え，顧客にどのような思い（気持ち・感情）をしてもらいたいのかということを基礎にした製品やサービスを開発していくことになる。そして，かかる企業の従業員においては，これまでと異なるイノベーション（「次元の見えない」イノベーション）への参加を通して仕事へのやりがいを感じてもらえるようになる。このような「顧客にして欲しい思い」を基礎にした経営（思いの経営）の発想へと転換することが極めて重要と考える。これらにより，顧客においては，これまで味わったことのない思いを経験することができ，従業員においては，これまでにない新しいことをやることができ，顧客からも支持されることによるやりがいを得られるようになり，この企業にしかない展開，すなわち競争優位が確立されることになると考える。このように，「顧客にして欲しい思い」のような方針をもつことにより利害関係者の相互の関連付けがなされ，それぞれとの良好な関係がなされうることになる。

品質・素材にこだわってきたビール業界のある企業（これまでのつながりからＳ社とする）において，この枠組みや論理をもとにするとどのようになるであろうか。Ｓ社がライバルの動向を重視することにより生まれていた，麦芽・ホップ・水などの原材料や品質，価格の追求により安心で高品質で鮮度のよいものを提供するという視点では，顧客には十分に響かない状況となっている。S社では顧客が品質等において十分に満足できる水準となっている状況を捉え，これまでの展開を回顧・反省し，ライバルを一定程度意識しながら，顧客の使用状況・文脈や自社独自の資源（S社は品質・素材を大切にしてきた）の活用を考え，例えば，「飲んだ後」に至ってほしい「上質な気持ちよさを！」のような，顧客にどのような思い（気持ち・感情）をしてもらいたいのかということを基礎にした製品を開発することができるようになる。このようなコンセプトを踏まえS社の従業員は，顧客が飲む前の価値（良質な麦芽・ホップ・水や鮮度），飲む際の価値（香り，味，口当たり，のどごし），飲んだ後の価値（体全体にしみわたるような，体全体が潤うような感覚）などを統合しながら商品を開発するなど，従業員はこれまでと異なるイノベーション（「次元の見えない」イノベーション）への参加を通して仕事へのやりがいを感じることになる。これらにより，顧客においては，これまで味わったことのない思いを経験することができ，従業員においては，これまでにない新しいことをやることができ，顧客からも支持されることによるやりがいを得られるようになり，この企業にしかない展開，すなわち競争優位が確立されることになる。

また，金利・手数料等の条件の良さや利便性の高さにこだわってきた銀行業界のある企業（これまでのつながりから既存企業A社とする）において，この論理をもとにするとどのようになるであろうか。A社がライバルの動向を重視することにより生まれていた，多様な金融商品を金利・手数料などの条件を良くし，しかもATMやネット，インストア・ブランチ等により利便性を高めるという視点では，顧客には十分に響かない状況となっている。A社では顧客が商品の豊富さや条件，利便性において十分に満足できる水準となっている状況を捉え，これまでの展開を回顧・反省し，ライバルを一定程度意識しながら（新規参入者など「顧客にして欲しい思い」の視点でイノベーションを創出している企業は参考にし），顧客の使用状況・文脈や自社独自の資源（A社はこれまでさまざまな消費財業者と融資等の取引をしてきた）の活用を考え，例えば，「この人にとって最適な買い物により，最高の日常を！」のような，顧客にどのような思い（気持ち・感情）をしてもらいたいのかということを基礎にした製品・サービスを開発することができるようになる。このようなコンセプトを踏まえA社の従業員は，顧客があるモノ・サービスを購入する際に何を大切にし，何にこだわるのかを聴取しながら顧客の最適解を共に考えるような融資・ローン事業を展開し，例えば，顧客の住宅購入では，顧客がこだわる事柄（デザイン，工法，素材，設備，行政手続き，外構，庭など）にかかる要望を聞きながら，適切な業者等を紹介・提案し，それに金策を連動させるような商品を開発するなど，従業員はこれまでと異なるイノベーション（「次元の見えない」イノベーション）への参加を通して仕事へのやりがいを感じることになる。これらにより，顧客においては，これまで味わったことのない思いを経験することができ，従業員においては，これまでにない新しいことをやることができ，顧客からも支持されることによるやりがいを得られるようになり，この企業にしかない展開，すなわち競争優位が確立されることになる。

第5節　結びにかえて

成熟期にある企業は，主たる利害関係者のそれぞれに対して方針を掲げ，向き合っていくマネジメントで良いのであろうか。また，このように重視する関係者を増やして多くの関係者に配慮していくという発想のマネジメントで良いであろうか。さまざまな意図をもつ利害関係者と相互作用を繰り返していく企業のマネジメントは，主たる利害関係者を全体として調整する何がしかの方針を策定し，その方針をもつことの意味を経営者と従業員の間で確認しながら，新たな経営・事業の展開やイノベーションの創出へとつなげ，利害関係者に対して自覚的に向き合うようにしていくことではないだろうか。

成熟期にある企業は，利害関係者達に関わることが重要だと言われ，また，自身でもそれぞれの関係者に関わることの重要性を理解しているケースは多い。ただ，どうしても個々の利害関係者との個別的な関係性になってしまったり，利害関係者を増やしていくという総花的な発想になってしまったり，利害関係者との関係化が必要だからそれらの多くと良好な関係を築くべきという規範的な捉え方になってしまったりする。すなわち，これらの企業が利害関係者達と自覚的に向き合おうとしないのは，それらと関わることの重要性は理解できるが，それぞれの利害関係者の意味や，関係者同士の結びつき（関係者はそれぞれ別個のものであり，そもそも結びつけるという発想がない），結びつけることの意味，結びつけ方（関係者は結びつきそうだがどうすればよいのか）が分からなかったためではないだろうか。また，これらの企業が何がしかの方針をもちながら利害関係者を結びつけていくことで関係者との良好な関係の構築や，これまでにないイノベーションが生まれそうという効果を認識できなかったためではないだろうか。そのため，利害関係者のそれぞれと関わる方針しかもちえず，関わったとしても，他の利害関係者に対してどのような派生的な意味が出てくるのかが分からず，それぞれの関係者との関わりの和がステークホルダーマネジメントと捉えられていたのではないだろうか。

めまぐるしく変化する環境の中で生きていく企業というものを考え，さまざまな利害関係者に注意を払い，企業を取り巻く利害関係者達との適合を考えていこうとするステークホルダーマネジメントの視点は極めて重要ではあるものの，この利害関係者の場合はこの方針で向き合い，この利害関係者の場合はこの方針で向き合うというように個別の関わりの和としてマネジメントを捉えている。また，社会に生きる企業のことを考え，それぞれの利害関係者および多くの利害関係者と「こう向き合うべき」という規範的な提起になっており，企業にとって意味・効果が理解できず，実際にその方向には向かいづらい。すなわち，主たる利害関係者を全体として調整・統合する何がしか方針をもち，その方針により利害関係者に向き合うことで利害関係者達との良好な関係を築くことができ，企業が新たな経営や事業を展開したり，これまでにないイノベーションが生み出すことができそうだということを理解できてはじめて，利害関係者達と自覚的に向き合おうとするのではないかと考える（**図表5-4**）。

本章では，「顧客にして欲しい思い」を基礎にした経営（思いの経営）という方針をもつことにより，成熟期にある企業が利害関係者の相互関連が今まで以上に明らかとなり，顧客はもとより，従業員やライバルといった関係者全体と良好な関係化が可能になり，さらには，これまでにないイノベーショ

図表 5-4　成熟期企業にとってのステークホルダーマネジメント論は？

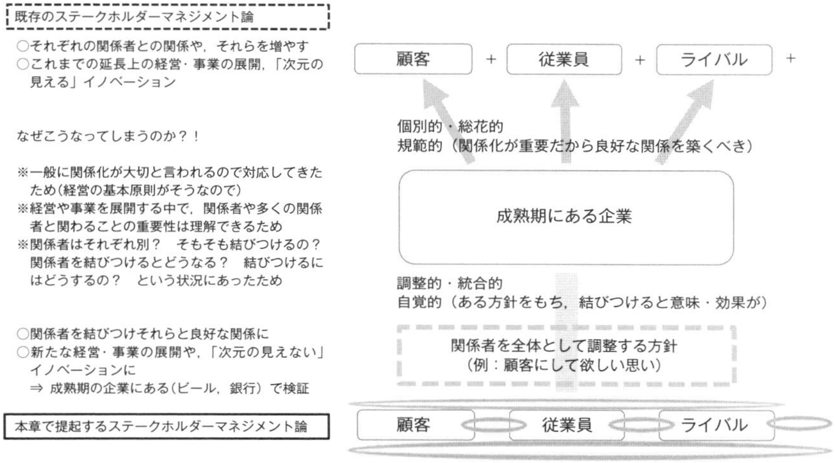

出所：本章の考察をもとに筆者作成。

ンが生まれうることについて考察してきた。自覚的に利害関係者と向き合い，それらとの良好な関係の構築やこれまでにない事業展開が求められる成熟期にある企業にとって，主たる利害関係者を全体として調整・統合するこのような方針の策定が極めて重要になるのではないだろうか。

(1) 利害関係者は，企業にとって利害と行動に直接・間接的な利害関係を有する者であるため，主なものとして，顧客，従業員のほかには，株主などが挙げられるが，本章では，ライバルに着目する。その理由は，成熟期にある企業の多くが，どうしても競争優位の確立に向けて，ライバルとの関係性やそれらとの競争上の違い（とりわけ，製品の機能や品質などの違い）を重視しているためであり，また，それにもかかわらず，ライバルをどのように捉え，どのような関係性をもち，どのような経営・事業を展開していくべきかについて十分でかつ有効な方針がもつことができていないと捉えるためである。一方，成熟期にある企業においては，株主との良好な関係（イノベーションや改善の方向性の導出にかかる牽制やコミュニケーション）について見られるようになっていることもあり，企業と株主との更なる関係深耕や相互作用について考えていくことも重要となる。ただ，このような一定の期間ごとの（株主総会時や企業のIR

活動時の指摘を受けて，どのように経営や事業を展開していくべきかという）株主との関係性も企業の経営や事業の方向性について大きな影響を与えるものではあるものの，企業の日常的な意思決定や判断の側面を踏まえれば，株主より優先してライバルとの関係性を考えていくことが重要と考える。したがって，本章において主要な利害関係者として，顧客，従業員，さらにはライバルを措定することにはするものの，以上の理由からも株主との関係性を軽視するものではないことを付言する。

第 6 章 「思いの経営」による成熟期企業の癖直し

人的資源管理，マーケティング，競争戦略，マネジメントなどの課題や癖を直すうえで有効か

第１節　本章の問題意識

これまでの章でも述べてきたように，成熟期にある企業が継続し，成長していくためには，イノベーションの創出が極めて重要となることはおそらく間違いない。そのイノベーションは，言うまでもなく顧客にとって意味のあり，従業員にとってのやりがいにつながり，ライバルへの競争優位につながるようなものである。ただ，成熟期にある企業が，それを取り巻く環境の変化や自社の状況を捉え，実際にこのようなイノベーションを創出していくのはなかなか難しい。それら企業は，どのように現状を捉え，各種利害関係者に意味のある，有効なイノベーションが創出できるのであろうか。

成熟期にある企業においてイノベーションを創出していこうとする時に，既存のイノベーションの創出を意図した諸研究は，重要な示唆を与えてくれる。これらは，さまざまな業界の数多くの企業の分析を基礎にしながら，成熟期企業がイノベーションを創出し，これまでにない経営や事業を展開するためには，各種環境の変化を捉え，このような生き方を志向すべきという主張（伊丹，1999，2004，2012；奥村，1986；十川，2000；バーク＝トラハント，2000）や，イノベーションの原動力となる知識創造を果たし，イノベーションをマネジメントし，イノベーションの新たなパラダイムを創出すべきという主張（野中・山下・小久保・佐久間，1997；野中・勝見，2005；竹内・楠木，2007），さらには，そのようなイノベーションを実施し，生起させるうえでイノベーションリーダーが大きな役割を担うことになるという主張（三菱総合研究所・阪本，2005；バーク＝トラハント，2000）などが存在する。

これらの研究においては，さまざまな業界・企業の数多くの企業の分析により，実際にイノベーションを創出する企業がどのような行動上の特徴やパターンをもつのかが主張されており，それぞれは，成熟期にある企業に対して示唆に富むものである。ただ，環境の変化を前向きに捉えることや，知識創造を果たすこと，イノベーションリーダーが重要であると主張された時に，成熟期にある企業は，現状の中で，どのようにそれらを受けとめるのであろうか。また，それらが主張する方向へ歩むことができるのであろうか。もし，歩めないとすると，成熟期にある企業が現状においてどのような行動上の特徴やパターン，言い換えれば，どうしてもしてしまう「癖」があるためであろうか。

企業の行動上の特徴やパターンを「癖」と表現しているのは，必ずしも顧客に対して有益ではなく，従業員にも響かず，ライバルへの競争優位にもつながらないというように，肯定できにくい特徴と捉えられるためであり，人や組織が無意識的に行う動作であるためである。

これらの問題意識をもち本章では，成熟期にある企業の現状やその特徴，なかでも，現状やその特徴としての企業の「癖」の存在に着目し，企業がどうしてもしてしまう癖を明らかにし，何がしかの方針をもつことでそれを直すことをしないとイノベーションにはつながりにくいことを主張する。結論を先走って言えば，成熟期にある企業がどうしてもしてしまう「癖」を分析すると，その基礎には，製品の「品質・機能・価格」があることが分かる。一方，成熟期にある企業において成功している事例を分析すると，それら企業の行動は，「顧客にして欲しい思い」を基礎にしていることが分かる。

本章では，まず，これまでのイノベーション研究の展開を確認しながら，それらが主張する方向性や論理は，成熟期にある企業にとってどのような意味をもちうるのかについて検討する。また，その主張が意味をなすためには，成熟期企業がどうしてもしてしまう「癖」に着目し，それを直すことが極めて重要となることを指摘する。成熟期企業において，その癖はどのようなもので，何故生まれるのかについて検討するとともに，それら企業がこの癖を自覚し，もし直す必要があるとしたら，「顧客にして欲しい思い」を基礎にした経営（思いの経営）といった方針をもつことによりその癖を直すことができるのかについて，成熟期にある業界・企業をケースにしながら検証する。このように本章では，成熟期にある企業の癖の存在とイノベーションの創出との関係性に注目し，それら企業がどうしてもしてしまう癖を理解し，それを直すうえでの方針を明らかにしながら癖を直し，イノベーションの創出に結実させるための論理について考察する。

第2節　イノベーションを創出するパターンについて探究する諸研究

さまざまな業界・企業の分析を基礎にしながら，成熟期にある企業がイノベーションを創出し，これまでにない経営や事業を展開するためには「こうすべき」という主張が，幾つかの研究でなされている。それらの研究上の観点は3つほどに分けられる。まず第1に，「各種環境の変化を捉え，このような生き方を志向すべき」という主張である。伊丹（1999，2004，2012）は，企業を取り巻く各種環境として，顧客，競争，技術，資源，組織について明らかにし，成功している企業はそれの諸環境とうまくぴったりと合った（適合）戦略を考えているとし，成功の秘訣は「戦略の環境適合」にあることを主張している。

同様に，奥村（1986）は，企業のイノベーションは環境変化の認知（企業により認知能力は異なるものの）から始まり，それから戦略，組織，人材，企業家精神に革新を導入することによって遂行され，これら4つの要因が相乗効果を生み出すことにより組織活力がよみがえり技術革新も飛び出すことになるとしている。

十川（2000）は，新製品や新市場を開発するという創造的な経営を展開しながら競争力を構築するためには，トップ・マネジメント層が環境の変化を的確に判断し，企業の進むべき方向についての将来構想を明確にし，組織にそれらを周知させ，柔軟な組織運営を実現する基盤をつくることが不可欠であるとし，組織内から創造的なアイディアが生まれてくるような意識が必要であるとしている。

バーク＝トラハント（2000）は，新しい技術が急速に導入されたり，新たな競争相手が突然現れたりする結果，ビジネスの世界に従来までの流れや継続性とは違った断絶が生じることとなり，この激変するビジネス環境にもし即座に対応しなければ，それは企業にとって弔鐘《ちょうしょう》となりうると指摘している。そこでは，今日最も賢明で粘り強い企業は，常に環境をウォッチし，組織変革に熟達しており，変化し続ける市場やビジネス状況に対応するために組織を変化に適合させているとしている。また，これら企業のリーダーは，ビジネスまたは変革の目標達成を支える内部の方向付けを強力に醸成していることを強調する。

また第2に,「イノベーションの原動力となり知識創造を果たし,イノベーションをマネジメントし,新たなパラダイムを創出すべき」という主張である。野中・山下・小久保・佐久間(1997)は,過去の経験を超えて,革新的な戦略,製品,技術,業務プロセス,あるいは全く斬新な会社の形態等の新機軸を打ち出して,継続的に飛躍的な発展を遂げている会社を「イノベーション・カンパニー」(新機軸カンパニー)と称している。わが国のさまざまな企業の分析を通して,1)トップが技術の重要性や価値を正しく認識・評価し,将来のビジョン・戦略が明確で会社に徹底している,2)戦略に沿って技術部門とビジネス部門の連携がなされている,3)新商品開発プロセスで組織の壁がない,4)伝統・習慣にとらわれない柔軟な組織風土をもつ,5)中核となる基盤技術が明確で強い,6)積極的にパートナーと連携・合弁し技術を調達したり技術開発機能のグローバルなネットワーク化ができている(技術イノベーション・カンパニー),などイノベーションを生み出す企業の特徴を整理している。その中で,野中は,その前の竹内弘高との共著『知識創造企業』(1996)の中でも触れているように,知識を獲得,創造,活用,蓄積という4つの側面を回し続ける企業体がクリエイティブかつイノベーティブと位置付けたうえで,イノベーションが求められる企業においては,2つの知,すなわち「形式知」(explicit knowledge:文章やデータで表すことのできる知識)[1]と「暗黙知」(tacit knowledge:文章等で表したり言葉で表現することが困難な知識)[2]の組み合わせで4つの知を創造すること〈①共体験を基本とし,暗黙知から暗黙知をつくる「共同化」(socialization),②思いとかノウハウを言語化するような暗黙知から形式知をつくる「表出化」(externalization),③形式知から形式知をつくる「連結化」(combination),④形式知をスキル化する「内面化」(internalization)〉が必要としている。

野中・勝見(2005)は,市場において高い評価を得ている製品・サービス等に共通するイノベーションの本質について10を超える事例分析により明らかにしている。そこではその本質を人と組織の観点から捉え,開発に携わった人々に特徴的に見られる思考・行動様式のエッセンスを抽出することにより解明している。このような成功をしている「持続的成長企業」においては，直面する障害を乗り越え，新たな「知」を生み出しており，それらをまとめる形で１つのモデルを示している。具体的にはそのモデルは５つの要素で構成される。まず知の創造を方向付ける大きな理想であり，何のために存在するのかという「ビジョン」があり，そのビジョンのもとで暗黙知（主観）と形式知（客観）とが相互に作用する場がメンバーによる「対話」（互いの暗黙知を共有したり，言語化が難しい暗黙知を形式知化する）と「実践」（形式知がそれぞれの中で血肉化され，新たな暗黙知へと内面化されていく過程）となる。このビジョンと対話と実践の三位一体の連動が起こるのが共有されたダイナミックな文脈としての「場」である。一方，暗黙知から転換された形式知は「環境」へと放出されることで影響を及ぼすため，そのことから環境は，潜在的な知の貯水池とも呼ばれることになる。したがって，持続的成長企業は，１つの明確な「ビジョン」があり，「場」が形成されて，「環境」の知を取り込みながら，駆動目標（ビジョンをより活動に近づけた数値目標や行動規範）が「対話」と「実践」の相互作用を回していくことができる企業であり，それらができれば知識創造企業として持続的な成長が実現されることを指摘している。

この知識の転換にこそイノベーションの源泉があることを強調するのが，竹内・楠木（2007）である。竹内は，野中とともに『知識創造企業』（1996）で，組織レベルで知の創造を実現する経営理論を打ち立て，同書ならびに野中他（1996，1997）と同様，イノベーションに不可欠なのは，形式知と暗黙知のスパイラルな転換〈上記の「共同化」，「表出化」，「連結化」，「内面化〉であることを指摘している（竹内・楠木，2007，pp.22-28）。また，イノベーションとは，工業社会の時代においては，科学・技術がエジソンやベルのような非凡な才能の持ち主によって生み出されてきたが，知識社会にある現在においては，凡人が協力し各分野・機能を統合しながら，コンセプトやビジネスモデルを考えることによって起きることを示唆している(3)。そして，コンセプト等を考案しイノベーションを起こすための（創造的なことを考えられる）「場」の必要性を強調している。さらに楠木は，現代のビジネス社会は競争の「価値次元が見えない」時代であり，「価値次元の見える」イノベーション競争が繰り広げられてきた自動車業界でさえ「次元の見えない」価値を創造する時代（故障せず，燃費がよく，よく走り・曲がり・止まるというものから「その車を買ったら生活がどのように変わるか」というコンセプトとそれを体現したデザインへの変化）になりつつあることを示唆している。このように皆が良いと思うものを提供する時代は終わっており，また，市場が成熟し，安さをキーワードとしてコモディティ化現象が進めば，従来の価値次元ではなく(4)，先述のように，第１に，「価値次元を創る」（これまで顕在化されていない価値を発見し，顧客にとって価値の可視性が高い(5)新しい次元を創造すること）(6)，第２に，「価値次元を壊す」（次元的なルールそのものを破壊し，価値次元を見えなくしてしまうこと）(7)，という戦略が必要になり，「価値次元を創造」しそこから「価値次元を壊す」という流れをつくることが極めて重要になるとしている（竹内・楠木，2007，pp.87-99）(8)。

野中他（1996，1997）や，竹内・楠木（2007）においては，イノベーションの原動力となる知識創造，またイノベーションのマネジメント，イノベーションの新たなパラダイム等について示している。これらの考察に関連して，第３に，「イノベーションを実施し，生起させるうえでイノベーションリーダーが大きな役割を担うことになる」という主張も存在する。三菱総合研究所・阪本（2005）は，近年において高い専門性が重視される傾向が強くなっているが，企業にとって真に重要なことは，専門性や専門家それ自体ではなく，専門家の提供する専門知識等をイノベーションの展開のために有効に使いこなすことであることを指摘する（三菱総合研究所・阪本，2005，第１章第３節，第２章第１節）。その意味では，「各種の専門家の能力を最大限に引き出し，それらを束ねて引っ張り，イノベーションを実現させる人材」であるスーパーゼネラリスト（それを単に専門家と対極させて専門性をもたないという存在とは位置付けていない），すなわち，イノベーションリーダーが重要となることを強調している。ここでは，知識労働者を活用してイノベーションを継続的に起こすための仕組みとしてイノベーションリーダーを提唱しようとしている(9)。

企業がこれらリーダーを上手に活用して継続的なイノベーションを実践するためのマネジメントをイノベーションリーダーのマネジメントと称すると

ともに，そのリーダーマネジメントを実施するためには企業全体のイノベーション戦略を統括し，各イノベーションリーダーを率いる本社トップとしてのCIO（Chief Innovation Officer）の役割が極めて重要になるとしている。三菱総合研究所・阪本（2005）では，専門的な知識よりも総合的な人間力をもつイノベーションリーダーの資質・特徴（社内外の知識労働者の含めたチームの組織化力，チーム運営力，事業構想・戦略発想力，事業管理能力・事業推進能力等をもつ存在）に言及するとともに，その発掘（第４章）や育成（第５章），それが働きやすい場の形成（第６章），その管理（第７章）など，それらリーダーを企業において機能させるための方法論的提起が中心となっている。

成功したイノベーションにおいては，それを先導したリーダーの役割が大きいのも事実であろうし，このようなイノベーションを継続的に創出していくためには，社内でそれらリーダーが活躍できる状態をつくりあげることが必要であるという主張は極めて妥当なものであろう。これに関連し，変革の実践家の詳細な調査により，変革を先導するリーダーの姿勢・要件について明らかにしているのが，バーク＝トラハント（2000）である。彼らは，変革へのリーダーシップとは，科学的であると同時に，人間のなせる術でもあるため，変革への努力を成功させる簡単で即効性のある対処方法や法則といったものは何一つないと捉えている。そのうえで，変革へのリーダーシップをとるにあたっては，規律や集中と同じくらいリーダーの側に創造力や感情移入が必要であり，社員に情熱的で仕事に積極的に取組むことが求められるのと同じくらい，リーダー自身に「新しいことを学ぼうとする率直な姿勢が求められる」ことを強調する。そこで変革すべき課題として共通するのは，第１に，リーダーは学習者でなくてはならないこと，第２に，変革を急ぐ必要性を社員に伝えることや，変革を率先して支持するように内部の方向付けを醸成すること，であるとしている。

第３節　成熟期にある企業がどうしてもしてしまう「癖」：その基礎にあった製品の品質，機能，価格

これらの諸研究においては，このようにしたり，このような体制にしたり，

このような人材を確保したり育成したりするとイノベーションが創出されうることを主張する。それぞれの主張・提起の重要性については前述のとおりである。

ただ，成熟期にある企業はかかる主張や提起をもとに，そのような方向に歩むことができるのであろうか。その方向に歩めないとするとなぜであろうか。また，実際に歩むためにはどうすればよいのであろうか。これらの研究では，企業を取り巻くそれぞれの環境（利害関係者）をどのように捉えているのであろうか。また，企業では知識を創造する条件が整っていると理解しているのであろうか。さらに，企業ではイノベーションリーダーはともかく，イノベーションを創出しようという風土は整っていると理解しているのであろうか。これらの研究において，成熟期にある企業の現状をそれぞれが主張する方向に実際に向かいうる状況として捉えているのであろうか。

このような疑問が生まれるのは，成熟期にある企業においては，その方向には向かいづらく，その方向には反する行動をしてしまう行動上のパターン，つまり「癖」が存在するのではないかと捉えるためである。

それでは，成熟期にある企業は，無意識にしてしまう動作である癖としてどのようなものを持ち，この癖により本当にイノベーションの創出ができなくなったり，利害関係者達に有益な関係を構築できなくなったりしてしまうのであろうか。この問題を考えていくうえで楠木他（2005，2006，2007）は「可視性の罠」（visibility trap）という重要な概念を提起し，企業はどうしてもこの罠に嵌ってしまうことを主張する。楠木他（2006，2007）は，企業は１）組織内意思決定的（資源の投入・配分を正当化しやすい）【内部組織の圧力】に，２）競争戦略的（ライバルとの明確な違いをつくる方向に流れやすい）【競争の圧力】に，３）顧客価値的（イノベーションによるパフォーマンスの向上を認識しやすい）【顧客の圧力】にどうしても可視性の高いもの，すなわち，品質や機能，最終的には価格を追求しまう傾向が強いため，このような罠に嵌ってしまうとしている。楠木他（2006，2007）はこのように問題提起し，そこから，企業のイノベーションの方向性として「価値次元の見えない」イノベーションを創出することの重要性を主張する。

企業が，組織や競争，顧客といった利害関係者の文脈からどうしてもこう

図表 6-1　可視性の罠に嵌らないで，今までにないイノベーションを創出するために

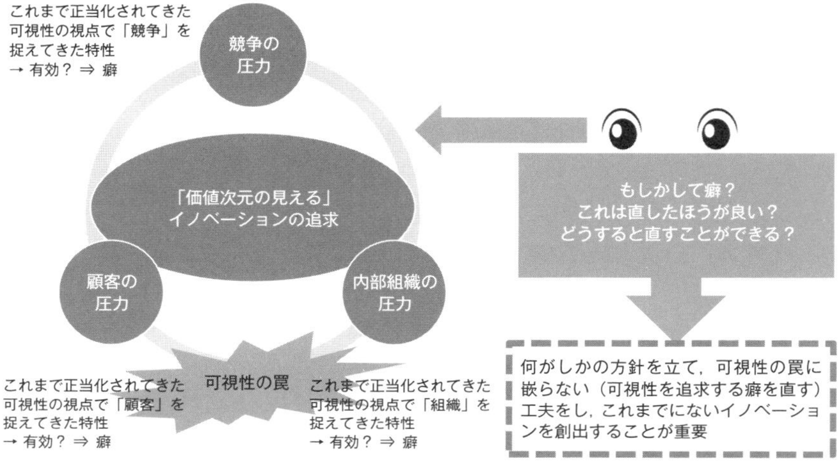

出所：楠木他（2006，2007）に本章の考察を加えて筆者作成。

してしまう（可視性を追求してしまう）という傾向を明らかにし，その傾向を脱して新たな方向に向かうべきという主張は極めて重要である。ただ，このような傾向にある企業が自らのこれまでの行動の特徴・パターンを脱して，これまでにないイノベーションの創出に向かうためには，この「可視性の罠」という，どうしてもしてしまう「癖」を企業がしっかりと理解し，その癖を本当に直したほうが良いのかを考え，直す必要があるとするとどのようにすると直すことができるのかについて明らかにする必要があるであろう（**図表6-1**）。

つまり，企業が「品質や機能，さらには価格」を追ってしまうという行動上の特徴・パターンは，顧客への価値の提供や，それを顧客に対して提供する従業員の仕事，さらには，その視点でのライバルへの競争優位として一般に正当化されてきたことが予測される。そうすると，可視性を追求することがそれぞれに対して十分に有効なのかを検討し，それが例えば有効でないとすると，何がしかの方針を立てながら，そのパターンに陥らない（可視性の罠に嵌らない，可視性を追求する癖を直す）ような工夫をし，これまでにない

図表 6-2 成熟期企業の「癖」：品質・機能・価格を追求し，それにより利害関係者との関係を考えてしまう癖

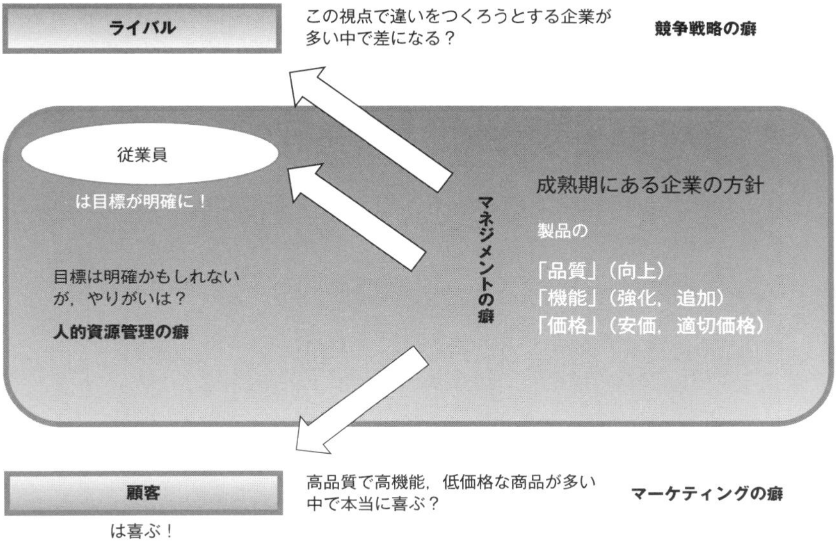

出所：本章の考察をもとに筆者作成。

イノベーションを創出していくことが極めて重要となる。

成熟期にある企業が，どうしても「品質・機能・価格」を追ってしまう理由は，楠木他（2006，2007）の指摘のように整理できるが，この背景には，それを追求すれば，顧客は喜ぶであろうと考えてしまう癖【マーケティングの癖】，それを追求するという従業員の目標が分かりやすく，それが従業員の仕事だ（その中でやりがいをつかむものだ）と考えてしまう癖【人的資源管理の癖】，その視点でライバルとの競争優位を考えてしまう癖【競争戦略の癖】，さらには，それを追求すれば，これらの顧客や従業員，ライバルといった利害関係者達との関係がうまくいくと考えてしまう癖【マネジメントの癖】があったのではないかと考える。ただ，現実にその視点で，顧客は喜び，従業員のやりがいにつながり，同様の視点で違いをつくろうとする企業が多い中でライバルとの差になるのであろうか（**図表6-2**）。

成熟期にある企業のこのマーケティング，人的資源管理，競争戦略，さら

にはマネジメントといった経営全般に関する癖とも捉えられる特徴は，利害関係者に対して，本当に有効であろうか。また，このような特徴（非有効的であれば癖）がある中で企業においてはこれまでと質の異なるイノベーションが創出できるのであろうか。

楠木他（2007）がイノベーションの成功事例として挙げる「ソニー・ウォークマン」，「森永・ウイダーインゼリー（現商品名，in ゼリー）」，「日産・キューブ」のどれをとっても当初に品質や機能，価格を追求したものではない。また，伊丹（1999，2004）が戦略の組織適合（組織に合った戦略）の成功事例として挙げた，パソコン事業から撤退し，液晶プロジェクター事業へ転向した「エプソン」や，産業用紙から家庭用紙へ転換した「大王製紙」は，品質や機能，価格の追求ではなく，従業員や組織に創造的な緊張や刺激を生んでいる。さらに，第5章で述べた「キリン・生茶」は，品質や機能の面でライバルより優位に立とうと考えたのではなく，これまであまりにも重視してきたライバルを見ないように努め，平安時代から続く緑茶の歴史や文化を振り返りつつ，急須では淹れられないような，お茶の歴史を進化させるような商品開発を展開したことが再ヒットの要因となっている。

このように，顧客や従業員，ライバルといった利害関係者に対して有効であった幾つかの事象は，いずれも「品質・機能・価格」の追求を主たる方針に掲げ，その文脈から利害関係者との関係を考えてはおらず，「この顧客がこう喜ぶ」という「顧客にして欲しい思い」の追求を主たる方針に掲げ，その文脈から利害関係者との関係を考えていることが分かる。

つまり，成熟期にある企業は，品質・機能・価格を追ってしまうという癖とその文脈から利害関係者との関係を考えてしまう癖があると考えられる。一方で，成熟期企業の中で成功している企業は，「顧客にして欲しい（新たな）思い」を基礎に，顧客に対してこれまで味わったことのない気持ちを味わうことができる新たな価値の提供を考え**【顧客との関係性】**，「顧客にして欲しい思い」の実現のために従業員は今まで経験したことのない仕事を進め，そこに向けて組織が一体化している**【従業員との関係性】**。また，ライバルについては，製品の良さを追求しても違いが生まれない中で，このような視点でライバルを分析するのではなく，先に挙げた事例（電気機器業界のソニ

図表 6-3 成熟期企業の成功例において，顧客，従業員，ライバルとの関係性において見られる「顧客にして欲しい思い」

成熟期における成功企業

「顧客にして欲しい思い」**（この顧客がこう喜ぶ）**

▶ を基礎に，顧客に対してこれまで味わったことのない気持ちを味わうことができる新たな価値の提供を考える
【顧客との関係性】

▶ の実現のために従業員は今まで経験したことのない仕事を進め，そこに向けて組織が一体化している
【従業員との関係性】

▶ の視点において参考になるケースを分析し，その視点でライバルの動きを捉え，自社の競争ポジションを設定している（製品の良さを追求しても違いが生まれない中で，このような視点でライバルは分析しない）
【ライバルとの関係性】

出所：本章の考察をもとに筆者作成。

ーや，製菓業界の森永，自動車業界の日産）のような，「顧客にして欲しい思い」の視点において参考になるケースを分析し，その視点でライバルの動きを捉え，自社の競争ポジションを設定している【ライバルとの関係性】（**図表6-3**）。

この顧客の製品の使用状況・使用場面に思いをはせ，「○○（この顧客）にして欲しい思い」の追求を主たる方針に掲げ，その文脈から，顧客においては，今までに味わったことのないこのような気持ちを味わってもらい，従業員においては，顧客がこれまでに味わったことのない気持ちになってもらうために新たな挑戦が生まれ，その結果生まれた製品・サービスに対して顧客からの支持を受けることでやりがいが生まれたり，ライバルとの違いともなることから，さらに頑張ろうという気持ちになったりとやる気が醸成されることになる。また，ライバルにおいては，顧客にしてもらう新たな思いはライバルとの明らかな違いとなるため，これまで品質・機能・価格を追求してきた時の差別化とは質が異なることになる。

これを成熟期にある業界・企業で考えるとすれば，ビール業界のある企業（これまでのつながりからＳ社とする）では，ホップや麦芽などの品質や健康などの機能，値下げという価格の視点から，例えば，「飲んだ後にこういった気持ちを味わって欲しい」の視点に転換することになる。また，銀行業界のある企業（これまでのつながりから既存企業Ａ社とする）では，アクセス・

図表 6-4　「顧客にして欲しい思い」を方針にすることによる成熟期企業の「癖」直し

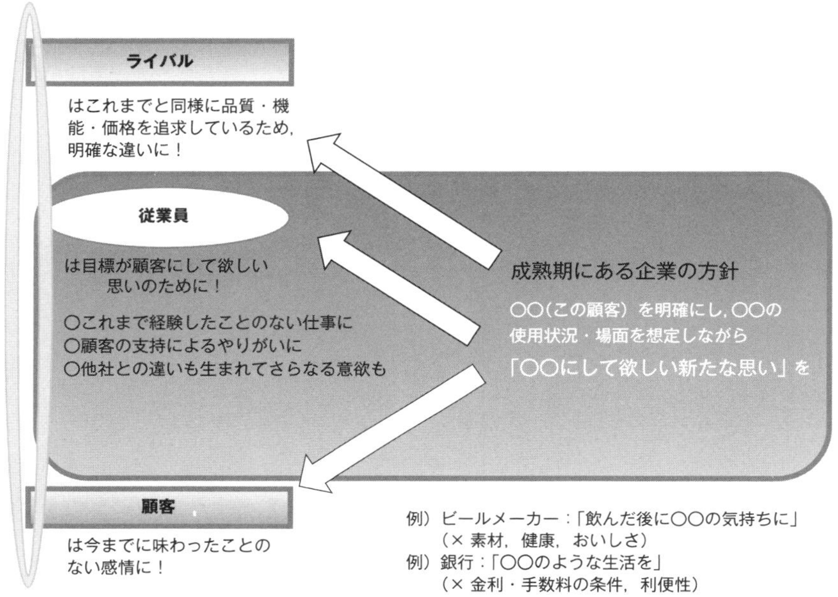

出所：本章の考察をもとに筆者作成。

利便性などの品質・機能や金利・手数料という価格（条件）の視点から，例えば，「(お金を使って，このようなモノを購入しながら）このような生活をして欲しい」の視点に転換することになる。上述の視点の転換により，顧客や従業員，さらにはライバルといった利害関係者に対する価値創造とともに，これまでと質の異なるイノベーションの創出の可能性も期待することができる（**図表6-4**）。

第 4 節　「顧客にして欲しい思い」による成熟期企業の癖直しとイノベーション創出の可能性

成熟期にある企業が，一般には正当化されてしまうこれまでの行動上のパターンを癖として理解し，その癖をある理由（顧客や従業員の価値創造ができていない，ライバルへの競争優位に結びついていない，自社はイノベーションを創出したという自覚があるにもかかわらず売上・利益等に結びついていない等）から直したいと考えた時に，上述してきた論理をもとに，これらの癖を直すことができるのであろうか。

以下では，成熟期にある企業が，幾つかの成功・失敗事例の要因分析から導き出された「顧客にして欲しい思い」といった方針を基礎にしながら経営や事業を進めていくことで，これまでの「品質・機能・価格」を追求してしまう癖や，その文脈からそれぞれの利害関係者との関係を考えしまい，結果としてそれらの利害関係者と良好な関係が築くことができなかった癖を直すことができるのかについて試論することにする。

ここでは，第３章で取り上げた成熟期にあるビール業界のＳ社および銀行業界の既存企業Ａ社に焦点を当て，「顧客にして欲しい思い」を基礎にした経営（第２章**図表2-7**）による癖直しとイノベーションの創出について論述する。

成熟期にある企業はこの癖直しにおいて，まず，癖の自覚，すなわち，これまでの「品質・機能・価格」といったものを追求することによる利害関係者に対する意味の確認からスタートすることになる。このような回顧・反省をすることで今後どうしようという流れが生まれ，次の段階として，その癖を直すための方針として何が妥当かを検討したり，その方針をもつことにより問題解決がなされそうかといった状況の確認をすることになる。これまでの経営・事業の展開の意味や，今後，新たな方針（ここでは「顧客にして欲しい思い」）をもとに経営・事業を展開することの意味（顧客や従業員の価値創造，ライバルへの競争優位，これによるイノベーションの創出が売上・利益の獲得につながりそう）といった事項を確認することで，どうしてもしてしまう癖をしてしまわないよう，また「可視性の罠」に嵌らないようにすることが重要となる。

特に，成熟期にある企業は，自社の売上・利益の確保やライバルとの競争優位の視点から，ライバルにはない品質や機能を目指し，それにより顧客や組織を正当化しようと考える癖があることから，ライバルの取組みを「顧客にして欲しい思い」の視点で参考にすることで，競争ポジショニング戦略が

図表 6-5　「思いの経営」を基礎にした成熟期企業の癖直し（ビール業界のＳ社）

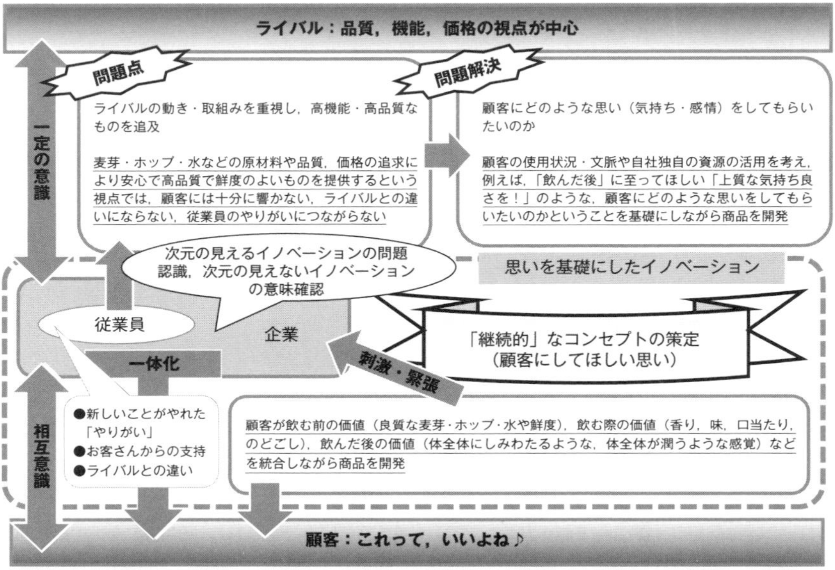

出所：これまでの章の考察をもとに筆者作成。

はじめて有効になることを併せて確認することが必要となる。例えば，ビール業界のＳ社においては，ビール業界の各社の展開の中心が品質や機能，価格であり，業界の最大手企業であっても「うまい」，「おいしい」という性能の面が中心であった。したがって，「顧客にして欲しい思い」の視点では，参考にする企業は現状では存在しない。一方，銀行業界の既存企業Ａ社においては，銀行業界の各社の展開の中心が品質や機能，価格であった。ただ，銀行業界においては異業種からの新規参入の事例が頻発しており，それら企業は，品質や機能，価格という視点での優位性を確保するとともに，「顧客にして欲しい思い」の視点でそれらの取組みを捉えると，「お金はそもそも何に使われ，顧客をどうしたいのか」という文脈で，経営や事業を展開している。その意味では，このような新規参入者の取組みを参考にしながら自社の競争ポジショニング戦略を策定することが必要となる。

図表 6-6　「思いの経営」を基礎にした成熟期企業の癖直し（銀行業界の既存企業 A 社）

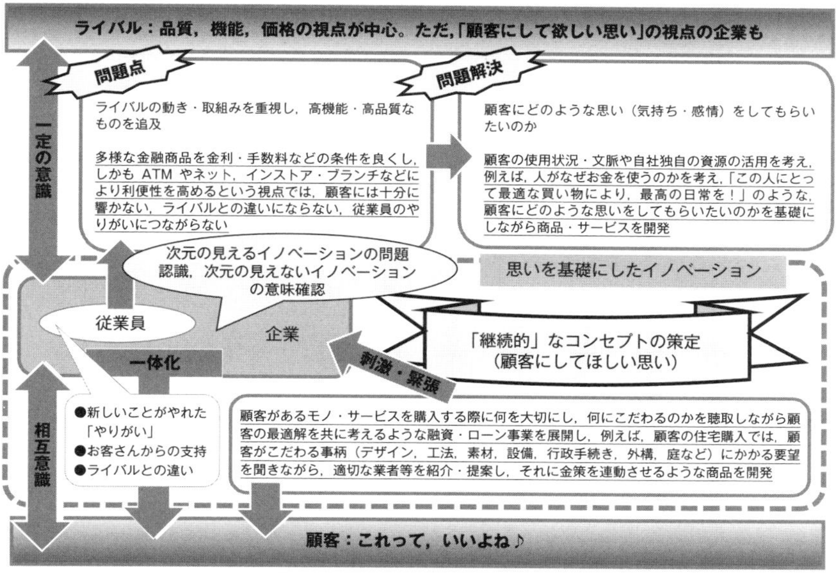

出所：これまで章の考察をもとに筆者作成。

成熟期にある企業はこのような意味の確認等をし，ライバルにおける「顧客にして欲しい思い」の視点での取組みを参考にしながら，顧客の使用状況・文脈や自社独自の資源の活用を考え，自社の競争ポジションとして「この顧客にして欲しい（新たな）思い」を定義することになる。また，成熟期にある企業はそれをコンセプトにし，製品・サービス・仕組みを開発・提供することになる。例えば，ビール業界のＳ社および銀行業界の既存企業Ａ社を上述の論理に当てはめながら検討すると，**図表6-5**および**図表6-6**のようにまとめることができる。これらから明らかなように，これまでの品質・機能，価格の視点からのイノベーションではなく「顧客にして欲しい思い」の視点でのイノベーションが生まれうるとともに，顧客，従業員の価値創造や，ライバルへの競争優位にも寄与しうることになる。

第5節　結びにかえて

本章では，成熟期にある企業が各種利害関係者に意味にあるイノベーションを創出するためには，そこに存在するこれまでの行動上の特徴・パターンを癖として自覚し，癖の内容を明らかにし，その癖を何がしかの方針をもつことにより直し，実際にイノベーションの創出につなげていくことが重要となると捉え，その論理について探究した。また，この癖を直す方針として「顧客にして欲しい思い」を基礎にした経営（思いの経営）を展開することで，これまでの癖を直すことにつながり，また，これまでのイノベーションとの質的な違いが生まれうることについて検討した。

幼少期の癖がそのまま大人になっても出てしまうことがある。成熟期にある企業の経営行動を見てみると，市場ほどに成熟しているであろうか。つまり，利害関係者への向き合い方や，イノベーションの中身を見てみても，大人的な対応ができているであろうか。人の癖を直すうえでも，親や周りから「格好悪いから」と言われてもなかなか直らず，自身でこういった自分になりたい，もしくは人にこう思われたいということを措定し，周りを見たりしながら直していくことになる。この癖直しで，こういった自分になりたい，もしくは人にこう思われたいという方向性は成熟期にある企業においてはどのようなものであろうか。また，成熟期にある企業が自身でそれに気づくためにはどうすればよいのだろうか。そして，成熟期にある企業が自身でその癖を直すためにはどうすればよいのだろうか。その癖は直り，自身の望ましい方向に進むのであろうか。

成熟期にある企業の癖直しは，人の癖直し以上に難しい。つまり，「品質・機能・価格」の視点でイノベーションを創出しようとする癖は企業内外で肯定されることはあっても，それを止める存在はあまりいないためである。

成熟期にある企業の癖を，誰も教えてくれたり，注意してくれたりしないとすると，成熟期にある企業が，その癖を特定したり，直すことは人の癖以上に難しいと言えるであろう。成熟期にある企業は，相当しっかりしている必要がある。ただ，難しいものの，直せないわけではない。これまでの章で考察・論証してきたように，成熟期にある企業に対して，直したほうがよい癖に気づかせてくれたり，実際に直すうえでのヒントを与えてくれそうなのが，「顧客にして欲しい思い」を基礎にした経営（思いの経営）である。

成熟期にある企業は，「思いの経営」をもとにして自身の行動パターンや状態を段階的にチェックし，もし利害関係者達に有効でないとすると癖として認定することが重要となるであろう。また，成熟期にある企業は，その癖の存在を自覚した場合には，「こういう自分（企業）になりたい」（顧客に支持されたい，従業員にやりがいを提供したい，ライバルへの競争優位を発揮したい，社会に影響を与えるようなイノベーションを生み出したい）という未来像を「思いの経営」をもとにして考えることが極めて重要となるであろう。

(1) 野中・竹内（1996）では，同知識を「言葉や数字で表すことができ，厳密なデータ，科学方程式，明示化された手続き，普遍的原則などの形でたやすく伝達・共有することができるもの」としている。
(2) 野中・竹内（1996）では，同知識を「個人の行動，経験，理想，価値観，情念などに深く根ざしており，非常に個人的なもので形式知化しにくく，他人に対して伝達・共有することが難しいもの。このカテゴリーには，主観に基づく洞察，直観，勘が含まれる」としている。
(3) これに関連して，野中編（2002）は，すべての事象を知識創造という観点から見直すことによって，イノベーションを天賦の才能に恵まれた個人の再現不可能な行為，あるいは偶然の積み重ねによって出現した一種の奇跡と把握することから決別し，複雑な関係性の網の目の中で営まれる人間の相互作用行為のプロセスとして認識し直すことができるようになると言及している（野中編，2002，p.278）。
(4) 先述のように，「次元の見える」イノベーションの限界の参考文献として，クリステンセン（1997）を挙げている。クリステンセンは，イノベーションを１）「維持型（持続的）」（既存の次元上でより良い製品を追求），２）「ローエンド破壊型（ローエンド型破壊）」（より低コストの技術で過剰性能のつけ込む），３）「新市場破壊型（新市場型破壊）」（イノベーションの次元を新しいものへと転換する）の３つに分けている。クリステンセンの主張は，業界をリードし，競争の感覚を研ぎすまし，顧客に意見に注意深く耳を傾け，新技術に積極的に投資する企業が，ある種の市場や技術の変化に直面した時に図らずもその地位を守ることに失敗するというものである。特に「維持型」については，既存の次元でより良い製品を追求し続けると，技術的，物理的限界にいずれは突き当たってしまい，また，顧客の認知的な限界を超えてしまうことを理由として挙げている。楠木他（2006，2007）は，このクリステンセンの提起を自身の主張の根拠にするとともに，クリステンセンのイノベーションの方向性として重視する「新市場破壊型」の課題についても指摘している。

(5) 先述のように，購買動機の鍵となる価値次元の可視性の低い・高い，購買決定の鍵となる価値次元の所在として属性（コモディティ化対抗）・使用文脈（コモディティ化回避）の組合せからイノベーションを「性能イノベーション」（高，属性），「感性イノベーション」（低，属性），「用途イノベーション」（高，使用文脈）および「カテゴリー・イノベーション」（低，使用文脈）の4つに分類している（楠木・阿久津，2006；竹内・楠木，2007）。

(6) 事例として「インテル」を挙げている。同社は，90年代までは，MPUの駆動周波数（クロック速度），すなわち，処理速度の向上という次元的なイノベーションを展開してきたが，2001年に入ると，業績低迷をきっかけとして，すでに十分な「処理速度」をさらに追求するのではなく，「使い勝手のよいPCを実現するようなチップ」という新たな次元を創る戦略に出ることになった。競争相手は処理速度というこれまでの次元を追求する中で，同社は新たな価値次元をもち込み，その結果シェア・利益率を向上させることとなったとしている（竹内・楠木，2007，pp.90-93を筆者が要約整理）。

(7) 事例として「任天堂」を挙げている。同社は，ハードの新モデルの販売の見送りをはじめ，時代遅れのゲーム機を使った次元の見えない面白さを前面に出したり，ゲームの背後にあるストーリーについて子供達の間で共有してもらうことを重視したり，一貫して次元の見えない価値を追求している（竹内・楠木，2007，pp.93-95を要約整理）。また，前出の「インテル」においても，広報活動においてスピードや処理能力には触れず，新たな技術を使った通信機能をアピールし（デジタル無線機器として）ノートPCの新しい使い方を示すなど，「次元を壊す」戦略がとられているとしている（竹内・楠木，2007，p.93を筆者が要約整理）。

(8) これに関連して，十川（2000）は，企業は厳しい環境条件のもとでも，コスト削減策に徹するのではなく，長期的な判断にたった経営の見直しが必要であるとし，不連続的な環境変化に企業が対処するためには，従来のような連続的変化に対処するための漸進的な戦略行動では不適切であり，創造的な経営（従来の企業経営の延長線上にある経営とは異なり，技術やノウハウの新しい組合せにより新製品・新市場開発を成果として実現しうる企業経営）が不可欠になるとしている（十川，2000，pp. 1-2 を筆者が要約整理）。

(9) これに関連して，竹内・楠木（2007）は，前出の知識のスパイラルを推進しイノベーションを創出するためには，トップダウンやボトムアップという一方的なものではなく，ミドル・アップダウン，つまり，ミドルの社員がトップの理想と現場のメンバーの現実とを合わせて考え中間的なコンセプトをつくっていく動きがベストであると指摘している。かくして，ミドルが知識のエンジニアになって，かつ実動部隊になるというナレッジエンジニアになることが重要であるとしている（竹内・楠木，2007，pp.29-30）。

第7章 「思いの経営学」の構築

脱「品質・機能・価格の経営学」として有効か

第1節　本章の問題意識

事業・製品の多くが成熟期を迎えている企業，すなわち，成熟期にある企業は，どのような経営が必要となるのであろうか。また，成熟期にある企業にとって，どのような経営学が重要となるのであろうか。成熟期にある企業においては，顧客の諸ニーズ（ニーズの束）を満たす価値の開発・提供や，このような活動・仕事を担う従業員のやりがい・達成感の醸成，これらの事業展開を通してライバルへの持続的な競争優位の確立，顧客・従業員・ライバルといった各種の利害関係者との良好な関係化，これまでとは質の異なるイノベーションの創出，などが基本的な目標となる。このことから，これらの課題解決に資する理論が，人的資源管理論，競争戦略論，マーケティング論，（ステークホルダー）マネジメント論，イノベーション論であり，それらを統合したものが「企業の成熟期における経営学」と言うことができる。

この人的資源管理論からイノベーション論までの各種の経営理論は，上述のように，企業のあるステージのことを意識した言及・提起となっていたであろうか。例えば，ジャン他（2012）の人的資源管理論において実証的に明らかにされる従業員のモチベーションを高める要因や，ポーター（1980）の競争戦略論で主張される競争の基本戦略である「コストリーダーシップ」，「差別化」，「集中」，マッカーシー（1964）のマーケティング論で提起されるマーケティング手段の4つのP（Product，Price，Promotion，Place）およびそれらを駆使するマーケティングミックス，ドノバン他（1998）のステークホルダーマネジメント論で展開される顧客・従業員・株主の総合的な価値創造，さらに，クリステンセン他（2003）のイノベーション論で言及されるイノベーションの方向性としての「持続的」，「ローエンド型破壊」，「新市場型破壊」などは，企業の事業・製品においてどのようなステージを想定し，企業のどのような方針を掲げる中において有効な理論なのであろうか。つまり，これらの理論や研究は，売上・利益が上昇する段階の成長期とともに，売上・利益が頭打ちとなりこれまでにない新しいものを生み出す段階の成熟期といった，すべてのステージにおいて有効なものとして提起しているのであろうか。なぜならば，製品価値が価格に単純化してしまう「コモディティ化」という現象が生まれた場合には，企業において成長期から成熟期にかけて重視してきた「品質・機能・価格」の追求では必ずしも十分ではなく，それ以前とそれ以降とでは，求められる経営や経営学（各種の経営理論）は異なるのではないかと捉えるためである。

これらの問題意識をもち本章では，企業が製品の品質や機能を追求しつくした末に起こる，製品価値が価格に単純化してしまう「コモディティ化」という現象が生まれる時期を基点として，それ以前とそれ以降とに区分し，成熟期にある企業がそれぞれの段階において必要とされる経営の基本方針と，求められる経営学（各経営理論）について考察する。

経営学の主たる理論である人的資源管理論，競争戦略論，マーケティング論，マネジメント論，イノベーション論などの主張・見解について考察すると，これまでの経営学において基礎にしてきたものや各経営理論の基本的目標および課題は，「品質・機能・価格」の文脈であることが分かる。一方，企業の多くの事業・製品がコモディティ化の時期を迎えている中にあっては，これらの経営や経営学は必ずしも有効ではないと推測できる。しかし実際には，企業の多くはこれまでの経営や経営学に問題はなく，しかも成長期から続いてきたこれまでのやり方にこだわってしまうことが想定される。したがって，成熟期にある企業がこれまでの経営や経営学の非有効性をタイミングよく理解し，これまでの「品質・機能・価格」を追求するパターンに陥らないで，真に求められる経営や経営学はどのようなものかを模索していくことが極めて重要となる。

そこで本章では，これまでの章で考察してきたものの集大成とすべく，コモディティ化の状況を検討しながら「品質・機能・価格」の経営学の有効性について確認し，成熟期にある企業においてはコモディティ化を契機として経営学の転換が極めて重要となることを明らかにする。成熟期にある企業のイノベーションの成功事例を考察すると，「品質・機能・価格」の視点ではなく「この顧客がこう喜ぶ」という「顧客にして欲しい思い」の視点でイノベーションが創出されている。そこでは，コモディティ化以降において，イノベーション論の基本的目標の「社会や顧客に意味のあるこれまでと質の異なるイノベーションを」は変化させてはいないが，その目標を達成するうえでの課題は「これまでにない品質・機能・価格」の視点から「この顧客がこれまで味わったことのない思いができる」という視点に変化させていると考えられる。また，同時に，他の経営理論においても基本的目標は変化しないものの，その課題は質的に変化させていると予測できる。

かくして本章では，「品質・機能・価格」の経営学が正当化されてきた成熟期にある企業においては，どうしても可視性を追求してしまう罠に嵌ってしまいやすいため，その原因が経営学や経営理論の課題にあることに気づき，「品質・機能・価格」を基礎にした経営学から「顧客にして欲しい思い」を基礎にした経営学（思いの経営学）へ転換することや経営理論の課題について再定義していくことではじめて，その罠から脱却できることを明らかにする。

第２節　成長期および成熟期における経営学：「品質・機能・価格」を基礎にした経営学

経営学の一領域として認められる経営理論としては主に，人的資源管理論，競争戦略論，マーケティング論，イノベーション論，マネジメント論などが挙げられる。それぞれの理論の代表的な論者の主張や提起，その基礎にあるもの，さらには基本的な目標や課題を考察すると，以下のようにまとめることができる。

１．人的資源管理論の基礎にあるもの，基本的な目標や課題

ブルーカラーとホワイトカラー双方を対象とした管理である人事労務管理論から，1990年代半ば以降には，経営資源としての人の重要性に着目し，人の効率的な活用について考えるようになり，人的資源管理論という名称に取って代わられることが多くなっている（上林，2012）。その中でも人的資源管理が組織メンバーの能力（ability），モチベーション（motivation），機会（opportunity）のそれぞれを維持・向上させる仕組みとして機能した場合，

組織の持続的競争優位が高められる点を主張するのがAMO理論（Ability：能力，Motivation：モチベーション，Opportunity：機会）であり（竹内，2017），その代表的な研究者であるジャン他（2012）は，膨大な既存研究の実証報告をもとにしたメタ分析により，従業員のモチベーションは，従業員の教育・スキル・知識水準などの人的資本に比べ，品質・労働生産性などのオペレーション成果の向上により強く貢献していることを解明している。このように，品質・機能の向上に貢献することが従業員のやる気の醸成につながることを主張している。

品質・機能の向上に貢献することが従業員のやる気の醸成には欠かせないとするジャン他（2012）の主張は一定の意味はありそうであるが，その一方で，この品質・機能や，価格という視点で従業員の仕事が捉えられ，その視点で従業員の処遇やモチベーションを考えることの弊害も幾つか生まれている。例えば，あるメーカー系企業（T社）では，社内の他の事業部との売上・利益の面での競争を意識したり，ライバルとの品質・機能・価格の面での競争の末での勝利（シェアの獲得）を重視するあまり，それらに貢献する従業員が評価され，貢献できない従業員は実態とは異なる報告をし，貢献したと見せかける動きが生まれている。また，ある銀行系企業（S社）では，営業担当者の人事評価は法令の遵守や顧客満足度という項目は設定されてはいたものの，それら項目よりも営業目標の達成（不動産ローンを○期間に□億円という形で）に力点がおかれていた。そこでは，融資の返済の遅滞や回収不能というものは人事評価には影響せず，ローンの金利や手数料を中心とした価格や条件の面で顧客に訴求しながら，営業目標の達成を誘発させていた。目標達成をボーナス等に反映させる仕組みとなっていたため，それらに貢献する従業員が評価され，貢献できない従業員は架空の処理をしてまでも，貢献したと見せかける動きが生まれている。この２つの業界は異なるものの，これらの事例からは，企業は何のために存在するのかを改めて考えることの重要性とともに，これまで企業が品質・機能・価格を基礎に仕事やその評価を設計していたということに気づかされる。

このような従業員の仕事や評価，モチベーションに関する理論的・事例的な内容からも明らかであるように，この人的資源管理論の基本的な目標は，

「(品質・機能・価格を基礎として）従業員にやりがいや達成感を」醸成することであり，課題は，「品質・機能・価格を追求する仕事による評価・処遇・やりがいを」と言うことができるであろう。

2．競争戦略論の基礎にあるもの，基本的な目標や課題

また，競争戦略論の生みの親である，ポーター（1980）は，競争戦略という概念を提起するとともに，競争の基本戦略は，「①新規参入の脅威，②代替品の脅威，③売り手（供給業者）の交渉力，④買い手（顧客）の交渉力，⑤競争業者間の敵対関係という５つの競争要因（five forces framework）にうまく対処し，企業の投資収益を大きくするための攻撃的・防御的アクション」であり，これにより「独自の価値あるポジション」を構築することが重要になるとしている。また，ライバルに打ち勝つ方法・戦略としては，以下の３つがあるとしている（それぞれの戦略の事例は，筆者補足)。１)「コストリーダーシップ」[どのライバルよりも低コストを実現。方法：大量生産・販売など。例：自動車・フォードＴ型車，電卓・カシオショック，カメラ・キャノンEOS100（グロービス・マネジメント・インスティテュート，2002)，ハンバーガー・マクドナルド（東北大学経営学グループ，2003)，半導体・テキサスインスツルメント（大滝他，2006)]。２)「差別化」[顧客が重要・必要と考え，ライバルには無い製品やサービスを提供。方法・次元：製品の品質・機能・デザイン，ブランド，アフターサービスなど。例：自動車・ダイムラーベンツ（グロービス・マネジメント・インスティテュート，2002)，自動車・本田技研（大滝他，2006)]。３)「集中」[上記２つの戦略を特定の市場や顧客に集中。例：味へのこだわりをもつヤングアダルト層という特定の顧客に向けたハンバーガー・モス（東北大学経営学グループ，2003)，高所得者に特化したクレジットカード・ダイナースクラブ（大滝他，2006)]，である。この事業ごとの競争の仕方にかかる戦略や方法については，これまで多くの企業に対して影響を与えてきたとは言えるものの，これらの戦略の基礎には，品質・機能・価格があり，これをもとに独自な価値あるポジションを設定しようとしている。

つまり，この競争戦略論の基本的な目標は，「(品質・機能・価格を基礎とし

て）ライバルへの持続的な競争優位を」確立することであり，課題は，「ライバルにはない品質・機能・価格による競争優位を」と言うことができる。

3．マーケティング論の基礎にあるもの，基本的な目標や課題

さらに，マーケティング論の大家であるコトラー（1967）は，マーケティングを「企業の顧客へ向けての資源，政策，および活動を，利潤を上げながら，特定の顧客グループの欲求を満足させるという視点をもとに，分析を進め，組織づくりをし，計画を立案し，管理すること」と定義し，マーケティングというものや，その目的・視点，活動を具体化している。

また，マーケティングにかかる意思決定の重要性やその内容を主張するマッカーシー（1964）は，マーケティング意思決定者が管理する，ないし管理できる要因として4つあり［4つのP：製品（Product），価格（Price），販売促進（Promotion），流通（Place）］，これらを駆使しながら活動していくことの重要性を説き，この概念は現代の企業の事業展開において大きな影響を与えている。大澤他（1999）は，それぞれのPにおけるポジショニング戦略，すなわち，差をつける戦略を例示しているが，Product（製品）においては，カメラ一体型VTRにおけるソニーの「高画質」と松下の「手ぶれのなさ」など幾つかの製品を挙げている（携帯電話サービスにおける小型・軽量・エリア拡大，ノートブック型パソコンにおける小型・軽量など）。これらからも明らかであるように，それぞれの製品において多次元化しながら差別化を図り競争を展開してはいるものの，製品（Product）ないし価格（Price）は，まさしく品質・機能・価格であり，販売促進（Promotion）は，それらの特徴を広報することとなり，場所（Place）においても品質・機能の一環として表現することができる。

つまり，このマーケティング論の基本的な目標は，「（品質・機能・価格を基礎として）顧客のニーズの束やその変化を満たす価値を」生み出すことであり，課題は，「品質・機能・価格の追求により多くの人（万人）にとって有難いものを」と言うことができる。

4．マネジメント論の基礎にあるもの，基本的な目標や課題

そして，マネジメントおよびマネジメント論の父といわれるドラッカー(1954）は，マネジメントの仕事および主たる機能として，事業のマネジメント，経営者・管理者のマネジメント（人的・物的資源を使って生産的な企業をつくること)，人と仕事のマネジメントがあり，それらを総合して考えていかねばならないことを主張して以来，組織に成果を上げるための機能・機関にかかるマネジメント論を展開している。

また，経営や事業を展開するうえでの顧客の重要性が主張されるとともに，従業員や株主，ライバルなどの利害関係者との良好な関係化を考えるステークホルダーマネジメント論がドノバン他（1998）によって提起されている。ここでは，小売業界の「ウォルマート」や航空業界の「コンチネンタル航空」の顧客，従業員（人材)，株主にかかる価値創造の経緯を考察し，これらの成功企業はこうした利害関係者間のトレードオフではなく，顧客，従業員，株主を含めたすべての利害関係者のために価値を創造することにより，企業価値を高めているとしている。ウォルマートやコンチネンタル航空においては，顧客への低価格や高品質での提供により顧客価値が創造され，従業員への報酬ややりがいが生まれ従業員価値が創造され，その結果として，株価や配当に影響し株主価値が高まると説明している。このような事例を踏まえて，ドノバン他（1998）は企業価値評価モデルの関係図を具体的に示している。そこでは，顧客価値を高めるためには，相対価格や相対品質を意識し，株主価値を高めるためには，収益，資産および費用を意識し，さらには人材価値を高めるためには，相対的な報酬や相対的な仕事の質を意識するとし，顧客価値の相対価格は株主価値の収益と，顧客価値の相対品質は人材価値の相対的報酬と，株主価値の資産や費用は人材価値の相対的な仕事の質と関わるとしている。この２社の事例や，それらを踏まえた企業価値評価モデルからも明らかであるように，それぞれの利害関係者は意図をもち，それぞれを相互に関連させることの重要性は提起してはいるものの，ことの出発は，顧客への相対価格や相対品質の追求であることが分かる。

つまり，このマネジメント論の基本的な目標は，「(品質・機能・価格を基

礎として）利害関係者達との良好な関係を」構築することであり，課題は，「品質・機能・価格を追求することにより結果として利害関係者達が喜ぶを」と言うことができる。

5．イノベーション論の基礎にあるもの，基本的な目標や課題

最後に，イノベーション論の始祖とも呼ばれるクリステンセン（1997）は，有能だといわれる経営者が市場を見誤ったり，大企業がベンチャー企業に敗れてしまう理由などについて提唱するとともに，クリステンセン他（2003）は，新成長市場創出におけるアプローチ，つまりイノベーションの方向性として，１）既存の次元上でより良い製品を追求する「持続的イノベーション」（最も要求の厳しい顧客が最も重視する属性において性能を向上する），２）より低コストの技術で過剰性能につけ込む「ローエンド型破壊イノベーション」（低い粗利率と高い資産活用率を組み合わせることにより低価格を実現しつつ魅力的な利益率を得る），３）イノベーションの次元を新しいものへと転換する「新市場型破壊イノベーション」（従来型の属性では性能は劣るが新しい属性において性能を向上する）の３つを示している。特に最後の新市場型破壊イノベーションが重要になるとし，わが国に関連した例としては，「トヨタ」（コロナをはじめとする安価な自動車で米国市場に参入し，それまで新車を買えない人が無理なく買ったり，多くの家庭においてセカンドカーを購入することを可能にしている。また，高級販売店ブランドとしてレクサスを展開している），「ソニー」（真空管技術を利用して大型テレビやラジオを製造していたRCAなどの企業を，トランジスタ技術を活用した携帯用ラジオやテレビで破壊している。家庭用ビデオカメラやウォークマンなど数々の新市場破壊製品を市場に投入している），「ホンダ」（ハーレー・ダビッドソン，トライアンフ，BMWなどの騒音をたてる大型バイクの製造業者をスーパーカブが破壊している），などを挙げている。この「新市場型破壊イノベーション」の概要からも明らかであるように，新しい属性を発見・特定し，性能を高めるイノベーションとなっている。また，上記の事例からも明らかであるように，社会にこれまでになかったものや顧客に有用なものの創出を意図し，新たな物差しを見つけることの重要性を指

図表 7-1 成熟期企業のこれまでの経営学としての「品質・機能・価格」の経営学

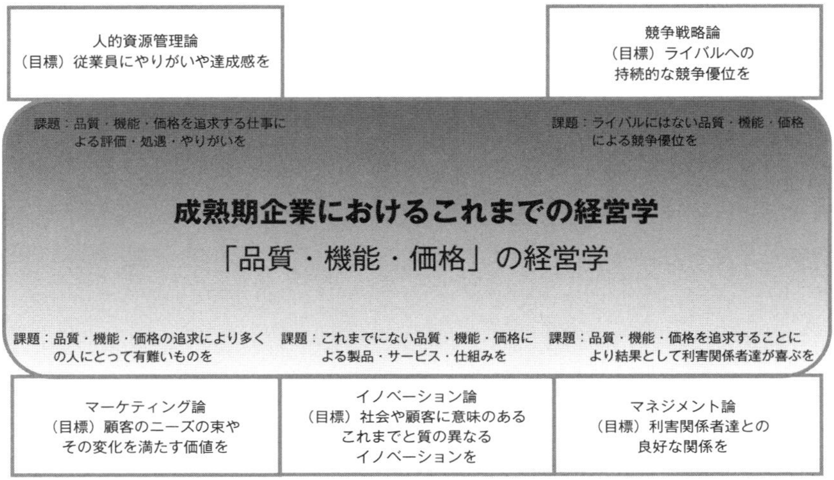

出所：既存の経営理論の考察をもとに筆者作成。

摘してはいるものの，ソニーのウォークマン以外は，新たな成長市場の創出を品質・機能・価格の視点で説明している。

つまり，このイノベーション論の基本的な目標は，「（品質・機能・価格を基礎として）社会や顧客に意味のあるこれまでと質の異なるイノベーションを」創出することであり，課題は，「これまでにない品質・機能・価格による製品・サービス・仕組みを」と言うことができる。

上述のように，それぞれの経営理論やそこで取り扱われた事例は，成長期，成熟期といったあらゆるステージで有効であり，参考になるものとして提起されてきた。それらをまとめると，**図表7-1**のように，「品質・機能・価格」を基礎として，その文脈でそれぞれの経営理論の基本的な目標や，課題が設定されていることが分かる。

第3節　成熟期企業の経営学の転換の時期，気づき，制約するもの，方向性

1.「品質・機能・価格」の経営学の有効性：転換の判断の時期としての「コモディティ化」

多くの業界・企業において多くの事業・製品が成熟期にあり，しかもそれらの業界・企業の多くの事業・製品がそのステージに入ってから相当程度の期間が経過している中において，前述の経営理論は果たして有効なのだろうか。また，これだけ良いものがあふれている現代においてそれらの理論は有効なのであろうか。さらに，多くの企業がそれらの経営理論を基礎しながら経営や事業を展開している中で，自社にとってそれらの理論は有効なのであろうか。そして，顧客が満足し，従業員がやりがいをもち，ライバルへの競争優位を確立するうえで，それらの理論は有効なのであろうか。このような面からそれらの経営理論の有効性を確認していくことが必要となる。

成熟期にある企業が品質・機能・価格の追求の末に行き着く先は，どのような世界であろうか。その世界において，それぞれの理論における基本的な目標はともかく，課題の内容は有効であろうか。具体的に言えば，人的資源管理論の課題である「品質・機能・価格を追求する仕事による評価・処遇・やりがいを」や，競争戦略論の課題である「ライバルにはない品質・機能・価格による競争優位を」，マーケティング論の課題である「品質・機能・価格の追求により多くの人にとって有難いものを」，マネジメント論の課題である「品質・機能・価格を追求することにより結果として利害関係者達が喜ぶを」，イノベーション論の課題である「これまでにない品質・機能・価格による製品・サービス・仕組みを」は，それぞれの理論の基本的な目標を達成するうえで，妥当なものであろうか。

これらの問題を考えていくうえで重要な示唆を与えてくれるのが，楠木他(2006，2007）が提唱する「価値次元の見えない」イノベーション論であり，また，そこで提起する「コモディティ化」とその現象を捉えての「脱コモディティ化」に向けた方策である。楠木他（2006，2007）は，市場が成熟化し，

安さをキーワードとした「コモディティ化」（製品価値が価格に単純化してしまう現象）が起きた場合には，脱コモディティ化に向けて，価格という単一の次元に収斂してしまった競争のルールをイノベーションによって変えしまうことが必要であり，そのイノベーションが価値次元のあり方にどのようなインパクトをもたらすのかが重要であるとしている。また，前の章でも述べたように，楠木他（2006，2007）は，製品の価値次元の見え方は時間とともに変化し，当初は，1）未知なるもので「これ何だろう？」という次元が見えにくい，その後，2）製品理解が深まり「支配的デザイン」が確立することに伴い次元が見えるようなる，さらに，3）従来とは異なる使い方をする顧客が市場に現れることにより多次元化（PCであれば，高画質，処理速度向上，軽量・薄型化・小型化など）を迎え次元が見えにくくなる，そして，4）技術と市場が成熟（価値が見えやすく，ライバルが模倣し合い，技術での競争が限界となり，顧客が製品に満足）し再び次元が見えるようになる，最終的に，5）はっきりとしたものさしが1つ1つ消えていきながらコモディティ化する，としている。最終段階においては，価格という極めて客観的な単一次元で製品価値が決まるという状況に向かって，価値の可視性が高まるプロセスをたどり，最後に「いくらなの？」ということになってしまうことを指摘する。

楠木他（2006，2007）は，企業がこのコモディティ化という状況を想定しながら，具体的な解決策も提示している。そこでは，脱コモディティ化を図るための方策として，1）「価値次元を創る」（それまで顕在化されていない価値の発見により新しい次元を創造する。例：吸い込み仕事率や小型・軽量，操作のしやすさ，音の静かさといった機能ではなく，排気が出ず清潔な掃除機として開発された三洋電機の「ジェットターン」），2）「価値次元を壊す」（次元的な競争のルールそのものを破壊し，価値次元を見えなくしてしまう。例：新しい音楽の楽しみ方という経験を創造したソニーの「ウォークマン」。遊べば遊ぶほどユーザーがキャラクターの性格や特徴についての理解を深め，ゲームを進める戦略について習熟し，キャラクターの収集や交換の面白さが増す経験を創造した任天堂の「ポケモン」。自宅でも会社でもない「第3の場所」という，ちょっとリラックスする空間を提供するスターバックスコーヒーの「スターバックス」），という2つの方策があることを示している。また，この価値次元を「創る」においても，やがて限界がきてしまうことから「壊す」戦略へ打って出ることが極めて重要になるとしている（例：インテルにおいては，PCユーザーにとって重視されていたデスクトップPC向けのMPUの処理速度という視点から，ノートPC向けバッテリー持続時間を重視したMPUの消費電力の低減という視点【次元を創る】へ，さらに，ノートPCに搭載するチップなど周辺機能を果たすチップをセットにした統合チップ群を開発し，Wi-Fi技術を使ったデジタル無線機器というノートPCの新たな使い方を示し，PCの新たなコンセプトをディバイスの立場から提示するという視点【次元を壊す】へ）。

楠木他（2006，2007）は，企業が抱えるイノベーション課題やその解決の視点を整理するとともに，イノベーションの今後の方向性についても提起している。具体的には，クリステンセン（2003）が提起する企業のイノベーションの方向性としての「持続的イノベーション」，「ローエンド型破壊イノベーション」，「新市場型破壊イノベーション」の意義については認めながらも，ここで主張される「新市場型破壊イノベーション」においても可視性は高く，また，それによりライバルが同様の視点で競争しようとするため，その限界について指摘している。そのうえで楠木他（2006，2007）は，イノベーションにおいて価値次元を創造する視点として，購買動機の鍵となる価値次元の可視性が「低い」（価値次元が見えない）・「高い」（価値次元が見える），購買決定の鍵となる価値次元の所在が「属性」（コモディティ化対抗）・「使用文脈」（コモディティ化回避）の組合せから，**図表7-2**のように，イノベーションを「性能イノベーション」（高，属性），「感性イノベーション」（低，属性），「用途イノベーション」（高，使用文脈），および「カテゴリー・イノベーション」（低，使用文脈）の4つに分類している。特に，4つ目のカテゴリー・イノベーションについては，これまでの価値を再定義しつつ，単に性能のような目に見えやすいものではないため可視性が低くなり，競争優位の確立において極めて重要になるとしている。

これらからも明らかであるように，成熟期にある企業は，コモディティ化の時期の前後において，イノベーションの方向性やイノベーション論の課題は変化することが想定され，そのイノベーションは，これまでの重視されてきた「品質・機能・価格」を基礎としたものとはズレが生まれていることが

図表 7-2　価値次元の「見える」，「見えない」イノベーション

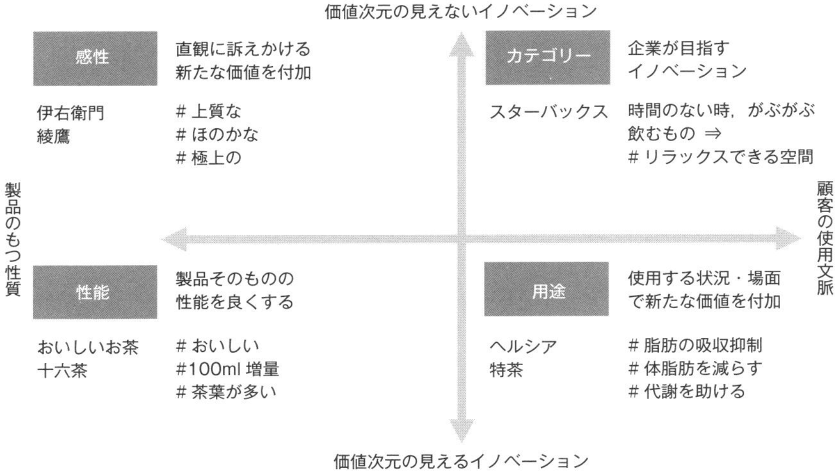

出所：楠木他（2006，2007）を参考に，筆者が事例や概要を追加し図式化。

分かる。

2.「品質・機能・価格」の経営学が正当化されてきた成熟期企業が陥る罠とその罠からの脱却

楠木他（2006，2007）の主張や提起を踏まえれば，成熟期にある企業が「コモディティ化」という現象を認識し，これまでイノベーション論の課題としてきた「これまでにない品質・機能・価格による商品・サービス・仕組みを」創出することにより，同理論の基本的な目標である「社会や顧客に意味のあるこれまでと質の異なるイノベーションを」創出することが達成できるのか，また，顧客，従業員，ライバルといった利害関係者に対して有効なのか，さらには，他の経営理論の課題も変化しているのではないか，などについて検証していくことが不可欠となる。成熟期にある企業にとって，このような検証をしていくことが，これまで大切にしてきたものの，必ずしも有効とは言えない「品質・機能・価格」の経営学からの転換の契機となり，新

たな経営学を探る機会にもなると考える。

これまで多くの企業が「品質・機能・価格」を基礎にした経営を展開してきた事実について，楠木他（2005，2006，2007）は，「可視性の罠」という概念を提起しながら説明している。そこでは，組織において資源投入・配分の正当化がしやすい，ライバルにおいて明確な違いをつくる方向に流れやすい，顧客においてイノベーションのパフォーマンスの向上を認識しやすい，などの理由から企業では品質・機能・価格などの可視性の高いものを追求する傾向にあったことを説明している。また，本書第6章では，この可視性の罠に嵌らない（このパターンに陥らない）でこれまでにないイノベーションを創出するためには，これまで正当化されてきた可視性の視点で捉える特徴やパターンが利害関係者にとって真に有効かを検証し，有効ではないとすると「癖」として捉え，例えば，「顧客にして欲しい思い」のような何がしかの方針をもちながら，その癖を直していくことの重要性を指摘した。したがって，成熟期にある企業においては，成長期から成熟期にかけて有効であったという認識のもと，「品質・機能・価格」等を求めてしまう傾向にあるため，「これまでの品質・機能・価格を基礎にした経営から変わるべき」と主張されても，なかなか転換することは難しい。その意味では，コモディティ化といったタイミングにおいて，その状況を認識するとともに，顧客や従業員，ライバルといった利害関係者に対してこれまでの経営学で有効なのかを確認し，「品質・機能・価格」に変わる基本方針として何が有効になるのかを検討し，それによりどのような経営学や経営理論の課題が重要になるのかを明らかにする必要がある。

上述のように，成熟期にある企業において「品質・機能・価格」の経営学は正当化される傾向にあるし，これまでこれら企業の行動のパターンとして根づいてきたものであるのでなかなか変更しづらい。また，**図表7-1**の「品質・機能・価格」の経営学における各経営理論の基本的な目標を見ても，各々が設定する課題で達成できると考えてしまう傾向にもある。成熟期企業はこのような傾向にあったため，新たな経営を模索したり，イノベーションや人的資源管理，競争戦略，マーケティング，マネジメントといった各領域の課題についても吟味することはしなかったし，また，幾つかの理由からこれまでの経営学や経営理論が肯定される傾向にあったことから，もし「何かがおかしい」と思っても，疑いの目を現在の経営学や経営理論に向けることはなかったと推測できる。したがって，成熟期企業が「うまくいかない」原因が経営学にあると捉えることや，新たな経営学の必要性に気づくことはなかったのではないかと考える。

ただ，成熟期にある企業の実態は，コモディティ化という現象を境にして，品質・機能・価格といった「価値次元の見える」イノベーションでは限界がきてしまっており，それを避けるためには，楠木他（2006，2007）が主張する「誰が，なぜ，どのように喜ぶのか」という「この顧客がこう喜ぶ」という視点の「価値次元の見えない」イノベーションの創出が重要と考えられる。つまり，このコモディティ化を境にして，イノベーション論の基本的な目標である「社会と顧客に意味のあるこれまでと質の異なるイノベーションを」創出することは，「品質・機能・価格」の視点では難しくなり，イノベーション論の課題も「これまでにない品質・機能・価格による製品・サービス・仕組みを」から「この顧客がこれまでに味わったことのない思いができる製品・サービス・仕組みを」に変化していることが予測できる。

3．経営理論の基本的目標の有効性と課題の有効性：目標は有効でも課題は変化？

成熟期にある企業は，コモディティ化を境にして，例えば，イノベーション論での基本的な目標である「社会や顧客に意味のあるこれまでと質の異なるイノベーションを」創出することは，同理論の課題「これまでにない品質・機能・価格による製品・サービス・仕組みを」では必ずしも有効ではないという認識をもっているだろうか。成熟期企業は，これまでにない品質・機能・価格の商品等で，社会や顧客に意味のあるものを提供しようとしてしまうことが想定でき，このような認識をもっているとは言い難いであろう。ただ，現実には，そのような認識をもっていないとコモディティ化以降においてその企業の成長や発展は見込めない。

成熟期にある企業において，イノベーション論の課題の変化に対して鈍感であり，気づくことができなかった大きな理由は何であろうか。それは，それぞれの理論の目標は変化していないため，課題も変化させる必要がないと捉えてきたことや，それぞれの目標を達成するためには，これまで大切にしてきた品質・機能・価格の文脈で課題は達成できると受けとめてきたためではないだろうか。この理解が妥当だとすると，成熟期企業は，このイノベーション論に限らず，経営理論の基本的な目標は時を経ても変化しないため，併せて課題も変化しないと捉えていたのではないだろうか。したがって，コモディティ化前後において目標達成に向けた課題解決の方向を変える必要があるにもかかわらず，そのままにしていたことが予測できる。実際に，楠木他（2006，2007）のような成功事例を分析した新たなイノベーション論においては，コモディティ化前と後とでは基本的な目標は共通でも，その課題は変化しているのである。

楠木他（2006，2007）が価値次元を壊した例として挙げた，電気機器・ソニーの「ウォークマン」をはじめ，製菓・森永の「ウイダーインゼリー」（現商品名，in ゼリー），自動車・日産の「キューブ」などは「この顧客がこう喜ぶ」ものとして該当し，これらは「価値次元の見えない」イノベーションとして有効であったとしている。また，本書のこれまでの章では，成熟期にあるビール・S社や銀行・既存企業A社において「顧客にして欲しい思い」を経営や戦略の基礎にすることによって「この顧客がこう喜ぶ」ような「価値次元の見えない」イノベーションが創出できる可能性について論証してきた（**図表7-3**）。

これらの楠木他（2006，2007）が取り上げた事例や，本書において論証した事例では，まず成熟期にある企業が製品の可視性が高まるプロセスをたどり「いくらなの？」という状況になっていることや，製品の品質や機能を追求しつくしたという状況になっていることを自覚している。また，これらの事例では，成熟期企業がこの状況認識を基礎にして，顧客や従業員，ライバル等の利害関係者に対してこれまでのイノベーションが有効か否かを判断している。さらに，これらの事例は，成熟期企業がこれらの状況認識や利害関係者への有効性の確認をもとに，これまでのイノベーション論の基本的な目標である「社会と顧客に意味のあるこれまでと質の異なるイノベーション

図表 7-3　成熟期にある業界・企業における品質・機能の追求と，コモディティ化を境にしてどのような方向に変わったのか，変わるのか

<table>
<tr><th>業界・企業</th><th>商品</th><th>品質・機能の視点（これまで）</th><th>コモディティ化後，利害関係者への有効性の確認</th><th>顧客にして欲しい思いの視点</th></tr>
<tr><td>電気機器･ソニー</td><td>ウォークマン</td><td>音質がきれい</td><td rowspan="5">○製品価値が価格に単純化しているか（価値の可視性が高まるプロセスをたどり「いくらなの？」になっているか）
○製品の品質や機能を追求しつくしたか
・・・・・・・・・・・・・
◇顧客や従業員，ライバル等の利害関係者へ有効か否かを判断
◇イノベーション論の基本的目標は変化しなくても，課題の質は変化
（旧）「これまでにない品質・機能・価格」
（新）「この顧客がこれまでに味わったことのない思いができる」</td><td>気持ちをリフレッシュしたい人へ,「持ち運べる音楽を！」</td></tr>
<tr><td>製菓・森永</td><td>ウイダーインゼリー（現商品名，in ゼリー）</td><td>おいしい，食べやすい</td><td>食事もとれない忙しい人へ，「短時間でとれ，空腹を満たし，必要最低限の栄養価のゼリー飲料を！」</td></tr>
<tr><td>自動車・日産</td><td>キューブ</td><td>燃費，よく走って･曲がって・止まる</td><td>快適な車内を大切にする人へ，「自分の部屋でくつろいでいるような感覚を味わえる車を！」</td></tr>
<tr><td>ビール・S 社</td><td>—</td><td>素材・品質・鮮度がいい</td><td>「飲んだ後」のことを大切にする人へ，「上質な気持ち良さを！」</td></tr>
<tr><td>銀行・既存企業 A 社</td><td>—</td><td>金利・手数料の条件がいい，利便性が高い</td><td>人がなぜお金を使うのかを考え，「この人にとって最適な買い物により，最高の日常を！」</td></tr>
</table>

出所：上 3 つの事例は楠木他（2006, 2007）をもとに，下 2 つの事例はこれまでの章の考察をもとに筆者作成。

を」創出することは変化させてはいないものの，課題については，「これまでにない品質・機能・価格」という視点から，「この顧客がこれまでに味わったことのない思いができる」という視点に変化させている。すなわち，これらの事例を分析すると，イノベーション論の課題内容については変更・修正されていることが明らかとなる。

第 4 節　企業の成熟期における経営学の変化：「品質・機能・価格」の視点から「顧客にして欲しい思い」の視点へ

図表7-1からも明らかであるように，成熟期企業におけるこれまでの経営学は「品質・機能・価格」を基礎にして経営理論の課題が定義されていた。

したがって，このようなイノベーション論の課題の「品質・機能・価格」の視点から，「顧客にして欲しい思い」の視点への変化は，他の経営理論においても同様に課題の変化が求められることになることを教えてくれる。つまり，「社会や顧客に意味のあるこれまでと質の異なるイノベーションを」基本目標に掲げる「イノベーション論」においては，コモディティ化を境にして，課題は「これまでにない品質・機能・価格による製品・サービス・仕組みを」から「この顧客がこれまでに味わったことのない思いができる製品・サービス・仕組みを」へ転換することになる。それに併せて「従業員にやりがいや達成感を」基本目標に掲げる「人的資源管理論」においては，コモディティ化を境にして，課題は「品質・機能・価格を追求する仕事による評価・処遇・やりがいを」から「顧客に新たな気持ちを味わってもらう仕事による評価・処遇・やりがいを」へ転換することになる。また，「ライバルへの持続的な競争優位を」基本目標に掲げる「競争戦略論」においては，コモディティ化を境にして，課題は「ライバルにはない品質・機能・価格による競争優位を」から「ライバルがこれまで顧客にさせたことがない新たな思いをしてもらうことによる競争優位を」に転換することになる。さらに，「顧客のニーズの束やその変化を満たす価値を」基本目標に掲げる「マーケティング論」は，コモディティ化を境にして，課題は「品質・機能・価格の追求により多くの人にとって有難いものを」から「この顧客のこの状況・場面において有難いものを」に転換することになる。そして，「利害関係者達との良好な関係を」基本目標に掲げる「マネジメント論」は，コモディティ化を境にして，課題は「品質・機能・価格を追求することにより結果として利害関係者が喜ぶを」から「顧客にして欲しい思いにより顧客が喜び，その具体化に従業員はやりがいを感じ，ライバルへの競争優位を」に転換することになる。

成熟期にある企業において存在感を発揮しているイノベーションの幾つかの事例を分析すると，それらのイノベーションの課題は，これまでの「品質・機能・価格」から「顧客にして欲しい思い」へと視点が変わっていることが明らかとなる。このような課題の質的変化が，イノベーションのみならず，人的資源管理や競争戦略，マーケティング，マネジメントにおいて同様

図表 7-4 「品質・機能・価格」の経営学から「顧客にして欲しい思い」の経営学へ：コモディティ化以降の利害関係者への有効性の検証による経営学の転換

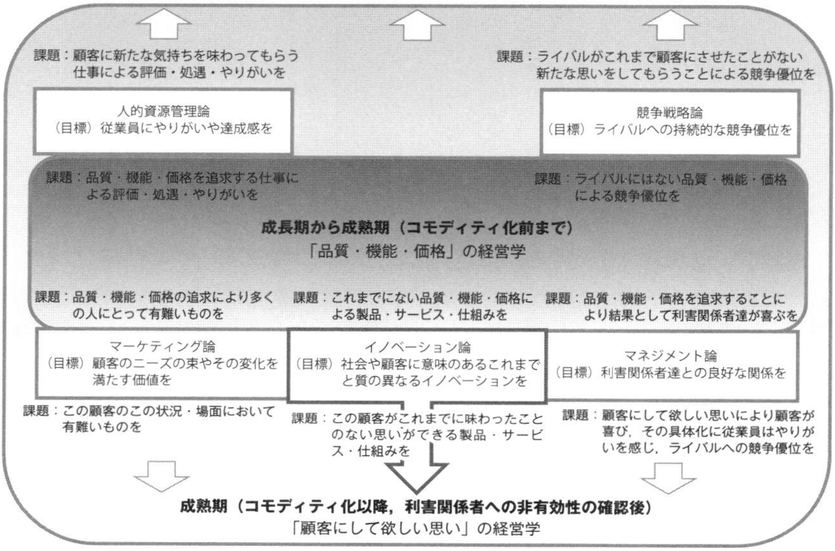

出所：既存の経営理論および企業のイノベーション事例の考察をもとに筆者作成。

に起きていることを想定すれば，成熟期にある企業においては，**図表7-4**に示すような，新たな経営や経営学および経営理論の課題が導出されることになる。

したがって，成熟期企業が，コモディティ化という状況を認識し，顧客や従業員，さらにはライバルといった主たる利害関係者にとって，これまでの事業展開やイノベーションが有効かどうかを検証することで，これらの企業がこれまで大切にしてきた経営や経営学の基本的な視座を変更することが求められ，同時に，これまで大切にしてきた経営理論の目標は共通でも，その課題は変更が求められることを気づかせてくれる。「品質・機能・価格」の経営学が板についている成熟期企業が，これまでの経営や事業の展開について利害関係者に対する有効性の観点から検証することで，企業の成熟期における経営学として「品質・機能・価格」の経営学と「顧客にして欲しい思い」の経営学の2つの重要性を理解し，適したタイミングで，「品質・機能・価格」の経営学から「顧客にして欲しい思い」の経営学へ転換を図ることができるのではないだろうか。

第5節　結びにかえて

成熟期にある企業が，「何かがおかしい，うまくいっていない」ということは気づいても，その原因が自身が展開する経営や，基礎におく経営学，さらには，経営理論の課題内容にあることには気づくことはないのではないだろうか。なぜならば，成熟期企業にとって，「品質・機能・価格」の経営学は，肯定されたり正当化されたりすることはあっても，否定されたり見直しが必要であると捉えられることは少なかったと考えるためである。本章において考察してきたように，これまでの経営学，すなわち，人的資源管理論，競争戦略論，マーケティング論，マネジメント論，イノベーション論などの経営理論は，「品質・機能・価格」が基礎にあり，しかも，企業のどのステージにおいても有効な理論として提起されてきたと考えられる。

ただ実際には，企業のイノベーション行動を踏まえたイノベーション論においては，社会や顧客に有効であった事象が分析されており，それらをさらに考察すると「顧客にして欲しい思い」を基礎にした展開がなされ，これまでの同理論の課題「これまでにない品質・機能・価格の製品・サービス・仕組みを」では十分に対応できず，同理論の新たな課題「この顧客がこれまでに味わったことのない思いができる製品・サービス・仕組みを」が導き出される。このように，同理論の基本的な目標「社会や顧客に意味のあるこれまでと質の異なるイノベーションを」は，コモディティ化を境にして変化しない中で，課題は「品質・機能・価格」から「顧客にして欲しい思い」の視点に変化していることになる。言い換えれば，成熟期にある企業は，このように「顧客にして欲しい思い」の視点で課題を変化させることで，これまで追求してきた可視性の高いイノベーションから抜け出し，「可視性の罠」から脱却できるようになる。

また，このイノベーション論での課題の質的変化は，他の経営理論においても同様に起きていると考えられる。したがって，成熟期にある企業が，人的資源管理論，競争戦略論，マーケティング論，マネジメント論，イノベーション論などのそれぞれの基本的目標を達成するためには，コモディティ化を境にして，「品質・機能・価格」の視点による課題ではなく，「顧客にして欲しい思い」の視点のような新たな課題を抱えている可能性が高い。その中で成熟期企業において，「品質・機能・価格」の経営学が根づき，新たな経営学への転換が必要であると考えなかったのは，それぞれの理論の基本的目標は十分であり変える必要がないため，その目標を達成するうえでの課題も変える必要がないと捉えてきたことや，基本的目標の達成は「品質・機能・価格」の視点で課題を定義しても肯定することができたこと，などが原因として考えられよう。

これまで「品質・機能・価格」の経営学が浸透し，それに基づき経営行動がパターン化し，しかもさまざまな理由でそれが正当化されている成熟期にある企業にとって，「品質・機能・価格」の経営学と「顧客にして欲しい思い」の経営学の2つの経営学があるといっても半信半疑かもしれない。しかし，成熟期にある企業がコモディティ化以降において，自身の事業展開について冷静に分析し，利害関係者への有効性を検証していくことで「何かがおかしい，うまくいっていない」原因が自身の経営や基礎におく経営学にあることが分かるのではないだろうか。

「可視性の罠」に嵌ってしまいやすい成熟期にある企業においては，自身の展開する経営やイノベーションが顧客や，従業員，ライバルといった利害関係者に対して有効かを確認してもらい，もし，有効でないとすると，ぜひ「思いの経営」のような新たな経営やそれによるイノベーションについて探究してもらうことを期待する。併せて，成熟期にある企業が「可視性の罠」から脱却し，社会や顧客に有用なイノベーションを創出していくうえで，本書『思いの経営学』がその一助となることを期待する。

あとがき

今，私の目の前に，15冊の研究ノートがある。本書『思いの経営学』の基礎になったものである。ここ10年くらいは連続して所属学会の「日本経営学会」において報告する機会にめぐまれ，報告後の帰路の電車の中できまって，先生方や実務家の方からいただいたコメントを記してきたものが，ここに綴られている。諸学兄・諸学姉より頂戴した触発される数多くのコメントをもとに，次の研究計画が生まれ，理論的研究，事例的研究および実証的研究を進め，また，報告しコメントをいただき，研究計画を立てるというPDCAサイクルを組み込みながら研究を進めることができた。これらの研究をもとに，新たに書き下ろしたのがこの一冊である。このように1つの形にまとめることができたのも，ひとえに，学会において司会の方や聴衆の方々が，単なる司会運営や儀礼的なコメントに終わらず，この「思いの経営学」とはそもそもどういったもので，これまでの経営学とは何が異なり，これまでの経営学のどのような課題が克服でき，成熟期にある企業おいてどのように意味があり，有効なのかという点を議論する場をつくってくださったおかげである。本書において，新たな経営学を主張するのみではなく，企業がどうしてもしてしまう行動上のパターン（必ずしも有効ではなく，無意識にしてしまう行為なので「癖」と表現）を踏まえて，これまでの経営学やその課題を明らかにし，それを克服する形で立論しようとしているのも，これらの学会等で頂戴したお力添えのおかげであり，記して，衷心より感謝を申し上げる。

本書『思いの経営学』を構想するきっかけとなり，学会において連続して報告しながらそれらをまとめようと思う契機となったのが，「日本経営学会」とともに私にとって主要な学会の「組織学会」での報告であった。10年以上も前のことになる。その時，私は，前著『イノベーション創発の戦略経営論』のまとめ作業をしており，ここでの主たる論理を報告していたわけであるが，そのまとめも手につかないほど衝撃的な報告を聞くことになった。当時，私が報告するセッション会場におられたのが，偶然にも，一橋大学の楠木建先生であった。私の報告に続いての報告が楠木先生であり，先生はその報告の中で，「価値次元の見えない」イノベーション，可視性の罠，コモディティ化という本書でもキーワードとしている概念・用語を主張され，企業のイノベーションや競争戦略においての課題を明晰に提起されていたのである。なんでも，企業の多くが，どうしても品質や機能を追求してしまう「可視性の罠」に嵌ってしまい，最終的には製品価値が価格に単純化してしまう「コモディティ化」に陥ってしまうというのである。幼少のころに，戦隊もののテレビ番組をよく見ていた私にとって，「それは大変だ！企業の多くが嵌ってしまう，その可視性の罠とやらから脱却・脱出させ，それらの企業を救うことが重要では！」と正義のヒーローのように思ってしまったのが，この構想の原点であり，研究上の原動力となったのは言うまでもない。

また，そのセッション会場で私と楠木先生の報告の司会をしていただいたのが，偶然にも，東北大学の大滝精一先生であった。大滝先生は私の博士論文の審査を担当いただいた教員のお一人であり，博士論文審査の際に，先生から，研究者としてかけだしの私に対して「この論文やここで紡がれている論理は，多くの企業にとって重要な示唆を与えることになる」というオマージュをいただくとともに，「森先生，これから，幾つかの視点で研究を進めていくことになるでしょうから，今後は，企業をチェンジしていくマネジメント，つまりチェンジマネジメントの論理を明らかにすることに，ぜひ，挑戦してみてください！」という激励をしてくださったことを今でも記憶している。とかく，理論的研究や事例的研究をもとに，変革期にある企業の方向性やビジネスモデルを提示しがちな当時の経営学研究のパターンを踏まえて（私の研究もそこに属していたと思われるが），これらの企業が望ましいとされる方向に向かうきっかけや論理，それらをまとめた学問を提起していくことの重要性を指摘いただいた。しかも，大滝先生は，「こんな風には言いますが，自分もできていないんですが」という謙遜の言葉も添えられ，私の耳のシャッターをしっかりと開けるようにしていただいた。

そして，本書『思いの経営学』のタイトルにもあるように，「思い」という，やわらかくも，芯のある主題にこだわったのは，指導教授の河野大機先生（東北大学名誉教授）の教えが影響している。この「顧客にして欲しい思い」という大事な概念に気づきを与えてくださったのが河野先生である。河野先生は，バーナードやドラッカーの学説研究にもとづき，社会という広い文脈の中で独自の組織学やマネジメント論を展開されてこられた。ドラッカーが企業や事業の目的として言及する「顧客の創造」（create a customer）の主旨について，河野先生と何度となくやりとりをさせていただいた。現在の職場に赴任してからもそれまでと変わることなく励ましの言葉を頂戴し，また，前著の出版を大変喜んでいただいていた。しかし，次の構想，つまり本書の構想をお話ししていた中で河野先生の訃報を聞くことになってしまった。どうして，という言葉を発するのが精いっぱいであり，頭が真っ白になったことを覚えている。私にとって河野先生は，まさに海のように広く，大きな存在であった。私のような浅学菲才の弟子に対して，いつもやわらかなまなざしで接していただき，何かあるときには，すぐにご相談をさせていただいていた。相談するときまって，「森先生，さらに発展させるためにはこうしたほうが…」という言葉を添えられ，相手に聞く耳を持たせ，より良い方向へと導かれるその姿勢には，人生の師として学ぶべきところが大きい。先生の投げかけてくださった一言ひとことが今の私の行動指針になっており，それらのことを考えても先生が私にとって極めて大きな存在であったことが分かる。ここに改めて，河野先生のご冥福をお祈りする。

このように見てくると，正義のヒーローにあこがれ，単純で，情にもろく，曲がったことが嫌いな私にとって，これらのきっかけは，極めて重要なものであった。研究上の方向性については楠木先生から，研究上のスタンスについては河野先生や大滝先生から，そして，そもそも研究とはについては学会の諸学兄・諸学姉から刺激や精神的な支えを受けて，この作品が生まれたと言っても過言ではない。この場を借りて，深甚なる感謝を申し上げる。

本書『思いの経営学』は，上述の研究活動とともに，これらの研究を基礎においた教育活動からも大きな影響を受けている。どうも，楠木先生によると，「企業では，品質・機能といった可視性の高いイノベーションがパターン化している。企業の多くはそのイノベーションから脱出できていない」ということらしい。これらが私の頭から離れず，「このようなイノベーションから脱出するには？」という研究上の問題意識をもつ中で，偶然にも，私は日経 BP 社の『日経ビジネス』において，ビール業界の特集記事を見つけることになった。その記事では，品質や機能を中心として同業界の競争が激化しており，それぞれの企業が苦戦しているという内容であり，顧客というよりは，競争上の観点から述べられているものであった。これを，「まだお酒を飲むことができない１年生のゼミナールの問題解決テーマとして取り扱ってみたら面白いのでは！」と思ったのがその始まりである。今，当時を振り返ってみると，相当無茶をしていたのではないかと思う。

このように研究上の関心から出発し，それをもとに教育活動に展開し始めたのが今から10年以上前のことになる。第３章において研究対象としたのが，成熟期にあるビール業界の「サッポロビール」である。同社にはじめて訪問したのが10年ほど前であり，訪問のきっかけは，１年生のゼミナール活動の研究報告の場であった。学生たちは，同社が発信している情報や書籍，雑誌資料などをもとに，同社を取り巻く環境の変化を捉え，同社の今後のコンセプトや商品を検討し，提案させていただく機会をえることとなった。今はよく耳にするようになった“PBL”（Project Based Learning）という概念が，あまり聞かれなかったその当時，私は，このような問題解決テーマをもとに皆で知恵を出し合いながら学びを進めることで学生はとても前向きになることを実感し，また，緊張する学生（学生の一人は緊張しすぎて，恵比寿駅付近の動く歩道でつまづきそうになる）とともに同社に赴き，緊張し必死になりながら提案や質疑をしている様子をほほ笑ましく思ったことを，昨日のことのように思い出す。このことが契機となり，それ以降，私のゼミナールでは「企業イノベーションプロジェクト」と題して，地域の企業も含めた成熟期にある企業の問題解決活動を推進している。

あれから，早いもので10年以上が経過し，今年の１年生のゼミナールにおいても，問題解決の意味確認を前提に，迷走が続くビール業界のある企業の問題解決活動を展開している。この問題解決活動を始動するにあたって，学生にきまって調べてもらうものがある。それは，ビール業界各社のコーポレートスローガン，すなわち，コンセプトである。学生は調べていく中で，業界第１位のアサヒは「すべてはお客様のうまいのために」を，第２位のキリンは「おいしさを笑顔に」を，第３位のサントリーは「水と生きる」を，第４位のサッポロは「品質は畑から」をコンセプトに掲げていることを知り，学生たちはそれらをまとめることで，業界の最大手（1位，2位）は「顧客にして欲しい表現や表情」をコンセプトにしているのに対して，業界の大手（3位，4位）は「製品の良さ」をコンセプトにしていることに，まず気づくことになる。

その時，私が「どの企業のコンセプトが好き？」と聞くと，多くの学生は口をそろえて「1位，2位の企業」と答え，2割から3割の学生が「3位，4位の企業」と答える。私が「なぜ？」と聞くと，前者の学生は「お客さんのことを考えてそうだから」，「お客さんの気持ちを前提にしているから」と答え，後者の学生は「品質とか製品が良さそうだから」と答えることになる。続けて私が前者の学生に「3位，4位の企業が主張する品質とか製品の良さってダメかな～？」と聞くと，学生は「……」となってしまい，さらに続けて私が「うまいとおいしいものって，品質は悪いかな～？」と聞くと，すべての学生は首を横に振ることになる。一呼吸おいて私が「うまい，おいしい飲み物って，品質以外にも何かポイントがありそうな気がしない？」と聞くと，ある学生は「具体的にはコレとは言えないけれど，何かありそうですね！」と答えてくれる。休まず私が「お客さんがうまい，おいしいという表現を品質だけでなく，のどこしや，口当たり，香りとかが合わさって初めて言うとすると，うまい，おいしいの方がよい概念っぽくない？」と言うと，多くの学生がゆっくりと二度，三度うなずいてくれる。さらに，すかさず私が「ただね，さらに思うんだ。業界1位と2位は，うまいとかおいしいって言っているけど，それで本当に大丈夫？」と聞くと，ある学生は「おいしいものって，今，沢山あるからな～」というように答えてくれる。これらで学生たちは何かを思い，これ以降に具体的な問題解決活動をスタートさせることになる。

私と学生とのこのようなやりとりの中で，私と学生との間に，幾つかの「共通感覚」（common sense）が生まれることになる。それは，1）品質・機能は企業も大事だと言っているし，自分たちも大事だと思ってしまう（否定する理屈が見当たらない）こと。また，2）品質・機能といった概念を包含する概念，すなわち，「顧客」や「顧客にして欲しい思い」をもとに考えていくと，品質・機能というのはあくまで「顧客をこうしたい」という手段に過ぎなくなること。さらに，3）「顧客にして欲しい思い」といっても，うまいや，おいしい，きれい，はやいといった性能を軸とするようなものでは顧客には響きづらいということ，などである。教員と学生との間にこのような共通感覚が生まれ，その感覚が生まれる背景には，「顧客にして欲しい思い」という軸があることに気づくことになる。

このように研究活動を基礎にして教育活動を進めていくと，学生に考えて欲しいのは，ただ単にビールのこれからではないことを痛感する。対象やその今後は大きな問題ではなく，その対象（ビールなど）に焦点を当てながら，学生たちが協働作業をしていくことで，人の嗜好・思考・欲求や，人ならびに組織の癖，今後の社会はどうあるべきかなど，人間と社会の基本問題について考えてもらうことこそが重要と考えている。何がしかの対象をおきながら，この対象について考えていくことは，じつは奥が深く，多面的な視点で考えないと結論にはたどりつかず，時にこれまでを疑い，時に人・組織・社会の癖や課題を認識しながら，解決に向けて皆の知恵を出していくことが極めて重要であり，これらを繰り返しながら学生たちを社会に送り出していくことが私たちの教育上のミッションではないかと考えるのである。そのため，大学生になったばかりの1年生のゼミナールで，触れたことも，飲んだこともない（これからも触れるか，飲むかも分からない）ビールというものを対象にして問題解決活動を進めており，このような視点での教育活動をこれ以降も展開していきたいと考えている。

以上のように，本書を執筆するにあたっては，私の研究・教育活動が基礎となっている。また，多くの方より気づきのきっかけや力添えをいただくとともに，幾つかの偶然が重なり上梓するに至っている。偶然が重なると自身が思っているのも，多くの方より気づきのきっかけをいただき，私が問題意識をもつことができているためであると気づかされる。

そして，出版事情の厳しい中，本書を上梓することができたのもひとえに千倉書房の関係諸氏のお力添えのおかげである。本書の意義をお認めいただいたうえ，快く出版をお引き受けくださり，特に，岩澤孝氏には文章の校正も含め多くのご教示をいただいた。記して，ここに深く感謝申し上げる。なお本書は，長野大学から「長野大学令和2年度学術図書出版助成」の交付を受けて出版される。

さて，先ほどの研究ノートの一番上には，記念すべき第１冊目がある。その表紙の題名には「思いの経営学」，日付には2009年９月と記されている。干支を一周するくらいの時間をかけることになってしまった。ただ，費やした時間の分だけ筆者の「思い」がギュッとつまっており，皆さんが読み終えていただいた後に，私が考えていた「読者にして欲しい思い」を味わってもらえているとすれば，望外の喜びである。

その時からこれまでの時間を考えると，私を取り巻く環境は大きく変化した。なかでも私の立場も仕事の内容も大きく変わってきている。私の住む長野県を含め，全国の多くの地域社会では，産業振興，雇用創出，人口減少，定住人口の維持などが大きな課題となっている。全国の地域で生まれているかかる地域課題を解決していくためには，地域の企業が「顧客にして欲しい思い」をもとに相手に響く新たな価値を生み出し，それが顧客に支持されて売上・利益を確保し，人を雇い，それらにより，この地に住みたいという流れを形成していくことが必要となり，自身の職場（公立大学）においても存在意義を再定義していくことが極めて重要と考えている。所属大学においては，「地域人材の循環システム」（若者を受け入れ，しっかりと育て，きっちりと社会に送り出す仕組み）と「地域課題の解決システム」（それらの若者を社会に送り出すうえで地域の課題を解決するきっかけや仕組み）を地域に形成し，地域力を向上させていきたいと考えている。このような目標の達成に向けて，思いや心を一にする教員と職員が多くいるのが今の所属大学であり，これまで以上に教員と職員との協働をもとに事を進めていきたいと考えている。

上述のような社会的なミッションを掲げながら，自身の生活や仕事（教育活動，研究活動，学内活動，地域活動）を見つめ直していきたいと考えている。このように考えるようになったのも，意欲的な学生と献身的な家族によるところが大きい。前々著や前著を上梓した時には小さかった，娘・悠理や息子・雅也はそれぞれ，自身の将来の目標をすえながらもくもくと頑張っており，その姿を見ると心身ともに大きくなったことを実感し，自分もさらに頑張らねばという気持ちにさせてくれる。また，出勤前に自宅の玄関口で，今もかつてと変わらず，「パパ，今日帰りは何時？」と聞いてくれ，「９時くらい」と答えると，きまって「分かった，８時ね！」と返してくれる妻・千恵美と子供たちの存在は大きい。これらのやりとりから，自身の働き方の見直しとともに，次の仕事に向かううえでの活力をもらっている。心から感謝したい。

2020年２月
さまざまな方とのやりとりから「相手にして欲しい思い」の重要性に気づかせてもらったことに感謝をしつつ

森 俊也

参考文献

Anat Bird（1997），*Supercommunity Banking Strategies: Winning the War for the Customer Relationship*, Yew York: McGraw-Hill.（上野博 他訳『金融リテール戦略――スーパーコミュニティ銀行に学ぶ――』東洋経済新報社，1999）

Andrew, B., Wright, P., and Bachman, John E.（1998），*In Search of Shareholder Valve: Managing the Drivers of Performance*, London: Financial Times.（井手正介 監訳『株主価値追求の経営――キャッシュフローによる企業改革――』東洋経済新報社，1998）

Ansoff, H.I.（1965），*Corporate Strategy*, New York: McGraw-Hill.（広田寿亮 訳『企業戦略論』産業能率短期大学出版部，1969）

Ansoff, H.I. and McDonnell, E.J.（1988），*The New Corporate Strategy*, New York: Wiley.（中村元一・黒田哲彦訳『最新・戦略経営』産能大学出版部，1990）

Appelbaum, E., Bailey, T., Berg, P., Kalleberg, A.L.（2000），*Manufacturing Advantage: Why High-Performance Work Systems Pay Off*, Ithaca, NY: ILR Press.

Arora, A., Fosfuri, A., and Gambardella, A.（2004），*Markets for Technology: The Economics of Innovation and Corporate Strategy*, Cambridge, Massachusetts: The MIT Press.

Burgelman, R.A. and Sayles , L.R.（1986），*Inside Corporate Innovation*, New York: Free Press.（小林肇 監訳『企業内イノベーション』ソーテック社，1987）

Burke, W.W. and Trahant, W.（2000），*Business Climate Shifts*, Boston, Massachusetts: Butterworth-Heinemann.（プライスウォーターハウスクーパースコンサルタント株式会社戦略コンサルティング・サービス事業部 訳『組織イノベーションの原理』ダイヤモンド社，2000）

Christensen, C.M.（1997），*The Innovator's Dilemma*, Boston, Massachusetts: Harvard Business School Press.（玉田俊平太 監訳『イノベーションのジレンマ』翔泳社，2001）

Christensen, C.M., Raynor E.（2003），*The Innovator's Solution*, Boston, Massachusetts: Harvard Business School Press.（玉田俊平太 監訳『イノベーションへの解』翔泳社，

2003)
Donovan, J., Tully, R., and Wortman B. (1998), *The Value Enterprise*, New York: McGraw-Hill Companies.（デトロイト・トーマツ・コンサルティング戦略事業部 訳『価値創造企業』日本経済新聞社，1999）
Drucker, P.F. (1954), *The Practice of Management*, New York: Harper & Row.（上田惇生 訳『現代の経営』（上・下）ダイヤモンド社，1996）
Drucker, P.F. (1974), *Management: Tasks, Responsibilities, Practices*, New York: Harper Business.（野田一夫・村上恒夫 監訳『マネジメント ── 課題・責任・実践 ──』（上・下）ダイヤモンド社，1974）
Drucker, P.F. (1985), *Innovation and Entrepreneurship*, New York: Heinemann.（上田惇生 訳『新訳 イノベーションと起業家精神』（上・下）ダイヤモンド社，1997）
Freeman, R.E. (1983), "Strategic Management: A Stakeholder Approach," *Advances in Strategic Management*, Vol. 1, pp.31-60.
Freeman, R.E. (1984), *Strategic Management: A Stakeholder Approach*, Boston: Pitman.
Jiang, K., Lepak, D.P., Hu, J., and Baer, J.C. (2012), How Does Human Resource Management Influence Organizational Outcomes? A Meta-Analytic Investigation of Mediating Mechanisms, *Academy of Management Journal*, 55(6), pp.1264-1294.
Kotler, P. (1967), *Marketing Management: Analysis, Planning, and Control*, Englewood Cliffs, N.J.: Prentice-Hall.
McCarthy E.J. (1964), *Basic Marketing: A Managerial Approach*, Richard D, Irwin: Homewood. IL.
Normann, R. and Ramirez, R. (1994), *Designing Interactive Strategy*, Chichester, UK: John Wiley & Sons, Ltd.（中村元一・崔大龍 訳『ネットワーク型価値創造企業の時代』産能大学出版部，1996）
Porter, M.E. (1980), *Competitive Strategy: Techniques for Analyzing Industries and Competitors*, New York: Free Press.（土岐坤・中辻萬治・服部照夫 訳『競争の戦略』ダイヤモンド社，1982）
Porter, M.E. (1985), *Competitive Advantage: Creating and Sustaining Superior Performance*, New York: Free Press.（土岐坤・中辻萬治・小野寺武夫 訳『競争優位の戦略』ダイヤモンド社，1985）
Ramaswamy, V. and Francis G. (2010), *The Power of Co-Creation: Build it with Them*

to Boost Growth, Productivity, and Profits, New York: Free Press.

Scotchmer, S. (2004), *Innovation and Incentives*, Cambridge, Massachusetts: MIT Press.

Sherman, H.J. (1999), *Open Boundaries: Creating Business Innovation Through Complexity*, New York: Basic Books.

Vandenberg, R.J., Richardson, H.A., and Eastman, L.J. (1999), The Impact of High Involvement Work Processes on Organizational Effectiveness: A Second Order Latent Variable Approach, *Group & Organization Management*, 24(3), pp.300-339.

Vargo, Stephen L. and Robert F. Lusch (2004), "Evolving to A New Dominant Logic for Marketing," *Journal of Marketing*, 68(1), pp. 1 -17.

合澤浩之（2014）「価値共創による文脈価値の創造と差別化戦略の構築」『経営戦略研究』第14号，経営戦略学会，pp. 3 -15。

青島矢一・加藤俊彦（2003）『競争戦略論』東洋経済新報社。

明石芳彦（2002）『漸進的改良型イノベーションの背景』有斐閣。

石井淳蔵・奥村昭博・加護野忠男・野中郁次郎（1985）『経営戦略論』有斐閣。

伊丹敬之（1999）『新・経営戦略の論理』日本経済新聞社（第32刷）。

伊丹敬之（2004）『経営戦略の論理』（第 3 版）日本経済新聞社。

伊丹敬之（2012）『経営戦略の論理』（第 4 版）日本経済新聞社。

井出正介・高橋文郎（1998）『株主価値創造革命』東洋経済新報社。

伊藤邦雄（1999）『企業価値を創造する』東洋経済新報社。

今井賢一 編（1986）『イノベーションと組織』東洋経済新報社。

大澤豊・一寸木俊昭・津田眞澂・土屋守章・二村敏子・諸井勝之助（1999）『マーケティングと消費者行動』有斐閣（第 5 刷）。

大滝精一・金井一頼・山田英夫・岩田智（2006）『経営戦略』有斐閣アルマ。

奥村昭博（1986）『企業イノベーションへの挑戦』日本経済新聞社。

加藤敬太・金井一頼（2009）「経営戦略論におけるステークホルダー・アプローチの可能性」『大阪大学経済学』大阪大学経済学会，第59巻，第 2 号，pp.63-77。

上林憲雄（2012）「人的資源管理論」『日本労働研究雑誌』No.621，pp.38-41。

金融財政事情研究会（1999）『金融財政事情』1999・12・13，pp.12-16。

金融財政事情研究会（2000）『金融財政事情』2000・10・23，pp.28-30。

金融財政事情研究会（2001）『金融財政事情』2001・03・05，pp.12-15。

金融財政事情研究会（2001）『金融財政事情』2001・04・26，pp.26-30。
金融財政事情研究会（2001）『金融財政事情』2001・06・04，pp.39-42。
金融財政事情研究会（2001）『金融財政事情』2001・06・18，pp.14-17。
金融財政事情研究会（2001）『金融財政事情』2001・06・18，pp.18-23。
楠木建・阿久津聡（2005）「可視性の罠 ― イノベーションとコモディティ化 ― 」『2005年度組織学会研究発表大会報告要旨集』（所収）。
楠木建・阿久津聡（2006）「カテゴリー・イノベーション ― 脱コモディティ化の論理 ― 」『組織科学』第39巻，第３号，pp.４-18。
グロービス・マネジメント・インスティテュート（2002）『MBA 経営戦略』ダイヤモンド社（第４版）。
椎名照雄・櫻井文達・高野昭雄（1999）『金融業のインストア・ブランチ戦略』東洋経済新報社。
下川浩一・岩澤孝雄（2000）『情報革命と自動車流通イノベーション』文眞堂。
ジョン・シモンズ（2004）『スターバックスコーヒー 豆と，人と，心と』ソフトバンクパブリッシング。
スターバックス（2009，2010）『Annual Report』。
十川廣國（2000）『企業の再活性化とイノベーション』中央経済社（第５刷）。
ダイヤモンド社（2000）『週刊 ダイヤモンド』2000・10・21，pp.40-43。
竹内規彦（2017）「戦略的人的資源管理研究における従業員モチベーション」『日本労働研究雑誌』No.684，pp.４-15。
竹内弘高・楠木建（2007）『イノベーションを生みだす力』ゴマブックス。
田路則子（2005）『アーキテクチュラルイノベーション ― ハイテク企業のジレンマ克服 ― 』白桃書房。
田島義博（1999）『銀行が「小売業」になる日』東洋経済新報社。
田中政光（1990）『イノベーションと組織選択 ― マネジメントからフォーラムへ ― 』東洋経済新報社。
寺本義也・原田保 編（1999）『サービス経営』同友館。
東北大学経営学グループ（2003）『ケースに学ぶ経営学』有斐閣（第14刷）。
東洋経済新報社（2000）『週刊 東洋経済』2000・03・04，pp.32-33。
東洋経済新報社（2000）『週刊 東洋経済』2000・03・04，pp.34-35。
日経 BP 社（2005）「サッポロビール　第３のビール戦争，金星死守」『日経ビジネス』

2005・05・16，pp.52-54。
日経 BP 社（2006）「脱セブン流で活路探る」『日経ビジネス』2006・09・25，pp.70-73。
日経 BP 社（2006）「売れる値上げ」『日経ビジネス』2006・07・17，pp.26-41。
日経 BP 社（2007）「サッポロエビスが守る高級市場にうまみ ── サントリー　首位奪取の正念場 ── 」『日経ビジネス』2007・07・23，pp.12-13。
日経 BP 社（2007）「顧客を裏切る」『日経ビジネス』2007・09・10，pp.35-45。
日経 BP 社（2008）「勝てる値上げ」『日経ビジネス』2008・05・19，pp.24-38。
日経 BP 社（2009）「消費退国 ── キリンが挑む多様化への道 ── 」『日経ビジネス』2009・02・16，pp.93-96。
日経 BP 社（2009）「サントリー　さらば，健全な赤字」『日経ビジネス』2009・03・09，pp.52-60。
日経 BP 社（2010）「伸びる会社は全員力」『日経ビジネス』2010・03・22，pp.24-29。
日経 BP 社（2011）「原点回帰で最高益」『日経ビジネス』2011・03・14，pp.56-61。
日経 BP 社（2011）「日本トップ，辞任の衝撃」』『日経ビジネス』2011・03・14，pp.62-63。
日経 BP 社（2011）「強さには理由がある」『日経ビジネス』2011・03・07，pp.32-33。
日経 BP 社（2012）「『考えない組織』に戻らせない」『日経ビジネス』2012・07・23，pp.62-65。
日経 BP 社（2016）「ビール M&A 最終決戦」『日経ビジネス』2016・04・11，pp.24-47。
日経 BP 社（2017）「アサヒグループホールディングス VS キリンホールディングス」『日経ビジネス』2017・02・20，pp.14-15。
日経 BP 社（2017）「メガブランド強さの限界：アサヒを襲うスーパードライの復讐」『日経ビジネス』2017・03・27，pp.24-35。
日本金融通信社（2000）『金融ジャーナル』2000・08月，p.64。
日本金融通信社（2000）『金融ジャーナル』2000・08月，p.65。
日本金融通信社（2001）『金融ジャーナル』2001・01月，pp.88-89。
日本経済新聞社（2000）『日経産業新聞』2000・10・12。
日本経済新聞社（2001）『日本経済新聞』2001・01・31。
野中郁次郎・永田晃也（1995）『日本型イノベーション・システム』白桃書房。
野中郁次郎・竹内弘高（1996）『知識創造企業』東洋経済新報社。
野中郁次郎・山下義通・小久保厚郎・佐久間陽一郎（1997）『イノベーション・カンパニー』ダイヤモンド社。

野中郁次郎 編（2002）『イノベーションとベンチャー企業』八千代出版。
野中郁次郎・勝見明（2005）『イノベーションの本質』日経 BP 社（第 6 刷）。
野村総合研究所（1998）『米銀の21世紀戦略』金融財政事情研究会。
原田保・古賀広志 編（2002）『マーケティングイノベーション』千倉書房。
ハワード・シュルツ，ドリー・ジョーンズ・ヤング（1998）『スターバックス成功物語』日経 BP 社。
一橋大学イノベーション研究センター編（2001）『イノベーション・マネジメント入門』日本経済新聞社。
毎日新聞出版（2000）『エコノミスト』2000・04・25，pp.22-23。
毎日新聞出版（2000）『エコノミスト』2000・04・25，pp.24-25。
毎日新聞出版（2000）『エコノミスト』2000・04・25，pp.42-47。
三菱総合研究所・阪本大介（2005）『イノベーションリーダーマネジメント』アーク出版。
村上伸一（1999）『価値創造の経営管理論』創成社。
森俊也（2011）「『顧客にして欲しい思い』を基礎にした経営」日本経営学会編『新たな経営原理の探求』経営学論集第81集，千倉書房，pp.220-221。
森俊也（2012）「価値次元の見えないイノベーションの「継続的」創出に向けて」日本経営学会編『リーマン・ショック後の企業経営と経営学』経営学論集第82集，千倉書房，pp.184-185。
森俊也（2013）「成熟期における企業デザイン」日本経営学会編『新しい資本主義と企業経営』経営学論集第83集（7），千倉書房，pp. 1 -11。
森俊也（2015）「『思いの経営学』の構築に向けて」日本経営学会編『日本的ものづくり経営パラダイムを超えて』経営学論集第85集（37），千倉書房，pp. 1 -11。
森俊也（2017）「『可視性の罠』からの脱却と競争戦略の転換」日本経営学会編『日本の経営学90周年の内省と構想』経営学論集第87集（53），千倉書房，pp. 1 - 9 。
森俊也（2018）「成熟期企業におけるステークホルダーマネジメント」日本経営学会編『公共性と効率性のマネジメント』経営学論集第88集（17），千倉書房，pp. 1 -10。
森俊也（2019）「成熟期企業の『癖』と，それを理解し，直すことによるイノベーションの創出」日本経営学会編『日本的経営の現在 ── 日本的経営は何を残し，何を変えるのか ── 』経営学論集第89集（55），千倉書房，pp. 1 -10。
吉村孝司（2000）『企業イノベーション・マネジメント』中央経済社（第 5 刷）。
ローソン（2006，2007）『Annual Report』。

主要事項索引

著者略歴

森 俊也（もり・しゅんや）

公立大学法人長野大学企業情報学部教授

1976年1月に山形県で生まれる。東北大学大学院経済学研究科博士課程修了。東北大学にて博士（経営学）取得。長野大学専任講師・准教授を経て教授。専門は経営学，イノベーション論，マーケティング論。

主著に『イノベーション創発の戦略経営論』（創成社），『大競争時代における銀行組織のマネジメント』（創成社）など。

思いの経営学

「可視性の罠」からの脱却とイノベーションの創出

2021年2月3日 初版第1刷発行

著　者　森 俊也

発行者　千倉成示

発行所　株式会社 千倉書房

〒104-0031 東京都中央区京橋2-4-12

電話 03-3273-3931（代表）

https://www.chikura.co.jp/

印刷・製本　精文堂印刷株式会社

ISBN 978-4-8051-1217-5 C3034